사회주의의
진정한 의미를
찾아서

이 도서의 국립중앙도서관 출판예정도서목록(CIP)은 서지정보유통지원시스템 홈페이지(http://seoji.nl.go.kr)와 국가자료종합목록 구축시스템(http://kolis-net.nl.go.kr)에서 이용하실 수 있습니다.
(CIP제어번호 : CIP2019027454)

사회주의의 진정한 의미를 찾아서

폴 풋, 핼 드레이퍼 지음 | 차승일 엮음

책갈피

사회주의의 진정한 의미를 찾아서

지은이 | 폴 풋, 핼 드레이퍼
엮은이 | 차승일
펴낸이 | 김태훈
편집 | 최재필
디자인 | 고은이

펴낸곳 | 도서출판 책갈피
등록 | 1992년 2월 14일(제2014-000019호)
주소 | 서울 성동구 무학봉15길 12 2층
전화 | 02) 2265-6354
팩스 | 02) 2265-6395
이메일 | bookmarx@naver.com
홈페이지 | http://chaekgalpi.com
페이스북 | http://facebook.com/chaekgalpi

첫 번째 찍은 날 2019년 7월 29일

값 12,000원

ISBN 978-89-7966-162-0
잘못된 책은 바꿔 드립니다.

차례

일러두기

1. 인명과 지명 등의 외래어는 최대한 외래어 표기법에 맞춰 표기했다.
2. 《 》 부호는 책과 잡지를 나타내고, 〈 〉 부호는 신문과 주간지를 나타낸다. 논문은 " "로 나타냈다.
3. 본문에서 [ ]는 옮긴이가 독자의 이해를 돕거나 문맥을 매끄럽게 하려고 덧붙인 것이고, 인용문에서 지은이가 덧붙인 것은 [— 지은이]라고 표기했다.
4. 본문의 각주는 옮긴이가 넣은 것이고, 지은이의 각주는 ' — 지은이'라고 표기했다.
5. 원문에서 이탤릭체로 강조한 부분은 고딕체로 나타냈다.

엮은이 머리말

격동. 지금 시기를 이보다 더 잘 표현하는 단어는 없을 듯하다. 강산이 변한다는 10년도 넘게 세계경제가 회복하지 못하고 있다. 경제 규모 세계 1위와 2위인 미국과 중국이 무역 전쟁을 벌이고 있다. 이는 단지 경제적 다툼이 아니다. 서로 자국의 안보가 이 싸움에 달려 있다고 본다. 베네수엘라에서는 좌파 정부를 무너뜨리려는 기업주와 우파의 쿠데타 시도가 벌어진다. '깡패 국가' 미국은 베네수엘라 우파의 편을 들며 무력 개입도 시사했다. 중동에서도 이란을 둘러싸고 갈등이 격화하고 있다.

오래 지속되는 경제 침체는 그 전의 신자유주의 정책들로 파괴된 노동자·서민의 삶을 더 망가뜨렸고, 사회 양극화를 더 심화시켰다. 그런데도 각국의 권력자들은 경제 위기에 대응한다며 신자유주의 정책을 고수했다.

이에 맞선 대단한 투쟁들도 벌어지고 있다. 올해만 해도, 프랑스의 노란 조끼 운동, 수단 혁명, 홍콩 송환법 반대 운동이 일어났다. 영국의 청소년들은 기후변화에 저항하며 대규모 동맹휴업과 시위를 벌였고, 이제는 자신들 힘만으로는 부족하다며 노동자들에게 총파업을 호소하고 있다.

사회 양극화는 정치 양극화로 이어져 수십 년 동안 각국 정치를 좌지우지했던 중도파 정치 세력들이 몰락하고 있다. 역사가 100년도 넘은 독일 사회민주당은 창당한 지 6년밖에 안 된 '독일을 위한 대안당'과 선거 득표율이 비슷한 처지가 됐다. '독일을 위한 대안당'은 우익 포퓰리즘 정당으로 내부에는 파시스트 분파가 만만찮게 존재하는 정당이다. 프랑스 사회당은 2017년 대선에서 6퍼센트밖에 득표하지 못하는 신세가 됐다.

물론 대자본가들을 대변하는 중도 우파 정당들은 좀 더 잘 견디고 있다. 그러나 브렉시트(영국의 유럽연합 탈퇴)를 둘러싸고 영국의 집권당인 보수당이 겪는 심각한 내홍, 거의 20년 동안 독일 총리를 지낸 앙겔라 메르켈의 위기 등을 보건대, 중도 우파도 크게 다르지 않다.

이 정치 양극화의 수혜는 주로 극우와 파시즘이 얻고 있다. 미국 대통령 자리에 (극우와 파시즘의 성장을 부추기는) 도널드 트럼프가 앉게 된 것이 대표 사례다.

그보다는 약하지만 양극화의 왼쪽 그림도 있다. 영국 노동당의 제러미 코빈, 미국의 버니 샌더스가 그 사례다. 지난 대선에 이어 또다시 돌풍을 일으키고 있는 버니 샌더스의 구호 '민주 사회주의'는 우리나라에서도 주목받고 있다.

그도 그럴 것이, 한국이 세계적 흐름에 비껴 서 있는 게 아니기 때문이다. 대중운동이 우파 대통령을 끌어내린 덕분에 중도파인 문재인이 큰 인기를 누리며 대통령이 된 것은 세계적 추세와 어긋나는 현상으로 보였다. 그러나 집권한 지 2년도 안 돼 문재인은 본색을 드러내며 개혁 염원을 배신했다.

박근혜 퇴진 운동에서 중요한 구실을 한 노동자들은 약속을 이행하라며 계속 투쟁을 벌이고 조직을 확대해 왔다. 그래서 문재인의 배신에도 낙담하거나 사기가 떨어지지 않았다.

사실 사태의 급변이라는 면에서 한국은 둘째가라면 서러운 나라다. 한반도 정세만 봐도 알 수 있다. 2017년 8월 미국 대통령 트럼프는 "화염과 분노" 운운하며 긴장을 한껏 고조시켰다. 그러다 몇 달도 안 돼 남·북 정상이 만나더니, 북한의 김정은과 미국의 트럼프가 만나 회담을 했다. 또 얼마 안 가 2차 북·미 정상회담이 직전에 취소되며 대화가 난항에 빠졌다. 그러더니 얼마 전에는 판문점에서 남·북·미 정상이 한자리에 서는 장면을 연출했다. 2년도 안 되는 기간에 일어난 일이다.

이렇게 눈알이 팽글팽글 돌아갈 정도로 정신없이 사태가 변할 때는 사람들의 의식도 빨리 변한다. 게다가 정치 양극화도 심화하고 있으므로 점점 더 근본적 해답을 바라는 사람이 많아진다. 바로 이런 맥락에서 우리나라에서도 사회주의에 관심을 두는 사람들이 늘고 있다. 환영할 일이다.

그렇게 혼란한 시대의 대안을 찾으려 하고, 그중 하나로서 사회주의적 대안에 관심을 갖기 시작한 독자들, 특히 학생과 청년에게 이 책이 유익할 것이다.

이 책의 저자 폴 풋(1937~2004)은 영국의 인기 있는 탐사보도 기자였다. 〈데일리 미러〉와 〈가디언〉에 정기적으로 기고했고, 여러 차례 언론인 상을 수상했다. 그리고 그는 혁명적 사회주의자로 영국 사회주의노동자당의 오랜 당원이기도 했다.

이 얇은 책에서 폴 풋은 읽기 쉬우면서도 감각적인 필체로 사회주의의 진정한 정신을 설명한다. 그는 1장에서 마르크스, 엥겔스, 로자 룩셈부르크로 이어지는 사회주의의 전통을, 2장에서 러시아 혁명의 환희와 좌절, 혁명의 잔재를 쓸어버리고 등장한 스탈린의 소련을, 3장에서 소련 체제가 이식된 동구권 사회와 그에 맞선 대중 항쟁의 경험을, 4장에서 1980년대 영국 대처리즘 아래에서 커진 대중의 분노를, 5장에서 자본주의의 유일한 대안인 사회주의의 기본 원칙을, 6장에서 영국 노동당 정부의 경험을 돌아본다. 그러면서 노동계급의 자력 해방과 그에 뒤따르는 노동자 민주주의가 사회주의의 "심장"이라고 주장한다. 이 심장을 잃었다면, 국유화나 계획경제 따위는 사회주의일 수 없다고 주장한다. 자본주의에 대한 통렬한 폭로와 비판도 빼놓을 수 없는 장점이다.

작은 단점도 있다. 원서가 1990년에 출판됐다는 점이다. 그래서 그 뒤 약 30년 동안 일어난 일을 다루지 못한다. 특히 영국 노동당 집권 경험을 다루는 부분에 등장하는 사례들은 오랜 시간이 지난 일이어서 생소하게 느낄 독자도 제법 있을 듯하다.

그러나 '이게 1990년 얘기야 2019년 얘기야?' 하는 착각이 들 만큼, 폴 풋의 자본주의 비판은 현실성이 있다. 그리고 소련과 동구권의 현실과 그곳 노동자들의 아래로부터 저항 역사는 지금의 학생·청년에게 매우 유익할 것이다.

무엇보다 폴 풋이 들려주는 영국 노동당과 그 안에서 노동당을 개혁하려 한 좌파의 경험은 지금 우리에게 유용할 것이다. 이제 한국도 의회 민주주의(자본주의적 민주주의)가 자리잡기 시작한 지 어느덧 30년이 넘었다. 아직까지 집권하지는 못했지만 민주노동당에서 시작하는 노동자 정당의 경험도 쌓이고 있다. 이런 면에서 영국은 우리의 선배라 할 만하다. 사회민주주의와 개혁주의를 더 오래 경험한 선배 사회주의자가 들려주는 이야기에서 우리는 지금 눈앞에 놓여 있는 상황에 대처할 실마리를 얻을 수 있다.

부록으로는 미국의 사회주의자 핼 드레이퍼(1914~1990)의 “사회주의의 두 가지 정신”을 실었다. 오래전 노동자연대가 번역해 출판한 소책자를 재수록한 것이다. 소책자에서 생략됐던 원문을 이번에 되살리고 번역을 다듬고 설명 주를 달았다(당시 미국의 구체적 상황을 다루는 절은 꼭 필요하지는 않은 듯해 제외했다).

드레이퍼는 각종 사회주의 운동을 최초로 “위로부터” 사회주의와 “아래로부터” 사회주의로 구분한 인물이다. 노동계급의 자력 해방과 그에 뒤따르는 노동자 민주주의를 사회주의의 진정한 핵심으로 본 폴 풋의 주장과 아래로부터 사회주의가 진정한 사회주의라는 드레이퍼의 주장은 일맥상통하는 부분이 많다.

드레이퍼의 글에 대해서는 옮긴이가 상세하게 쓴 해제가 있으니 그것을 참고하기 바란다.

여기서는 한 가지만 덧붙이고자 한다. 드레이퍼의 글도 꽤나 오래전에 쓰였고, 다루는 사례들도 자본주의 초창기의 여러 사회주의 사상들이다. 새 세대 학생·청년에게는 생경할 수 있다.

그러나 이 글은 현대의 고전이라고 평가되고 있으며, 글이 처음 발표된 미국에서도 계속해서 출판돼 널리 읽히고 있다. 혼란스럽고 급변하는 시기, 새롭(게 보이)고 빠른 길을 찾으려는 유혹이 강해지지만, 고전이 고전이라고 불리는 데는 그만큼 지금의 현실에도 접맥되는 부분이 있기 때문이다. 현학적이거나 너무 추상적이어서가 아니라 생소함에서 오는 어려움이니, 독자들이 조금만 인내심을 발휘하면 많은 것을 배울 수 있다고 확신한다.

이 책을 작업하는 데 많은 분이 도움을 줬다. 폴 풋의 책을 번역하는 일에 김지혜, 박준희, 오선희, 이광윤, 최재필(가나다순)이 도움을 줬다. 그럼에도 내가 이 책을 기획하고 모든 글을 꼼꼼히 보며 원문과 대조하고 교정·교열을 했으므로, 혹시라도 있을 오류는 엮은이의 책임이다.

폴 풋은 사회주의가 그 어느 때보다 절실히 필요하고 적절하다고, 우리에게는 쟁취할 세계가 있다고 주장한다. 모쪼록 자본주의가 아닌 대안을 찾는 이들에게 이 책이 도움이 되기를 바란다.

2019년 7월

엮은이 차승일

사회주의의 진정한 의미를 찾아서

폴 풋

원문: *The Case for Socialism: What the Socialist Workers Party Stands For*, Socialist Workers Party, 1990.

머리말

대처 거품은 꺼졌다. 마거릿 대처와 그의 장관들이 영국인들에게 새로운 희망을 가져다주리라던 기나긴 호언장담은 결국 허풍임이 드러났다. 각종 여론조사를 보면 여론이 노동당 쪽으로 크게 기울고 있음을 알 수 있다. 노동당의 집권은 아주 최근까지 불가능해 보였지만, 이제는 현실적 전망이 됐다.*

여론조사는 대중의 정서가 크게 바뀌며 분노하고 있음을 보여 준다. 분노에 불을 붙인 것은 악명 높은 인두세였다.** 부자들만 빼고 모든 사람을 공격하는 인두세 때문에 처음으로 대

---

* 실제로는 1997년이 돼서야 노동당이 집권했다.

** 재산의 많고 적음과 관계없이 18세 이상 성인에게 일률적으로 부과한 주민세였다.

처 정부에 맞서 운동이 단결했다. 영국 전역에서 20세기 최대의 시민 불복종 운동이 일어나 수많은 사람들이 납세 거부로 인두세에 저항했다. 납세 거부죄로 법원 소환장을 받은 한 여성의 항의가 이들의 정서를 압축해서 잘 보여 줬다. 이 여성은 100년 전 위대한 빈민·노숙자·실업자 항의 운동의 언어를 차용했다.

> 당신들은 우리에게 돈을 더 내라고 요구합니다. 당신들에게는 인간쓰레기이거나 반역자인 우리에게, 한 푼이라도 벌려고 아등바등 일하는 우리에게 말입니다. 나는 그저 입에 풀칠하고 아이에게 옷을 입히고 싶을 뿐입니다.

갑자기 혼란에 빠진 정부는 인두세 도입을 철회하려 한다. 인두세를 낮추는 '회유책'을 쓰려고 막대한 액수의 세입을 충당할 재원을 찾고 있다. 그러나 분노의 대상은 인두세만이 아니다. 인두세는 보수당의 모든 계획과 정책의 상징일 뿐이었다.

관료주의를 없애고 공공요금을 낮출 거라던 거대한 민영화는 공기업보다 훨씬 더 역겹고 냉담한 새로운 관료주의를 만들어 냈다. 물·전기·가스 같은 필수 공익사업이, 의회의 눈치 따위 전혀 보지 않고 이윤 창출에만 몰두하는 탐욕스러운 기업들의 손에 넘어갔다. [집요한 공공 주택 매각 정책으로 생긴] 내 집

마련 열풍 때문에 공공 주택 공급이 엄청나게 줄었고 집 없는 가구의 수가 60년 만에 가장 급증했다. 대처의 재무부 장관이 1981년부터 줄곧 떠들어 댄 '선순환'(새로운 보수당 정부가 이끄는 경제는 끊임없는 '선순환' 성장을 하리라는 구상)은 구태의연한 착취와 긴축과 수탈의 악순환을 기반으로 한 구태의연한 경기순환임이 드러났다. 1980년대 초중반에는 노동자들이 주택담보대출 때문에 파업하기를 두려워했다면, 이제는 주택담보대출 때문에 [노동조합이] 파업하지 않을까 봐 두려워한다. 위대하고 새로운 '재산 소유 민주주의'는* 속임수임이 드러나고 있다. 소유권과 권력이 임대업자한테서 고리대금업자에게 이전되고 있을 뿐이다.

대처 정부는 부를 창출하는 사람들을 희생시켜 자신이 대표하는 계급을 더 부유하게 만드는 데 몰두하고 있다. 인두세는 그 완결판이다.

마거릿 대처 자신은 자신의 경제체제가 자본주의임을 부끄러워하지 않았다. [그러나] 해럴드 맥밀런의 '공정한' 보수당 시절[1957~1963년]이나 심지어 에드워드 히스 시절[1970~1974년]에

---

* 존 롤스가 제시한 '재산 소유 민주주의'는 미국의 맥락에서는 사회민주주의적 요소를 도입해 분배 정의를 실현하자는 제안이었다. 그러나 이미 복지국가인 영국의 맥락에서 대처가 주장한 '재산 소유 민주주의'는 더 많은 공공재산을 민영화하자는 뜻이었고 대표적 정책이 공공 주택 매각이었다.

도 자본주의란 단어는 정치인들이 입에 담기를 꺼리는 부정적인 말이었다. 대처, 리들리, 메이저* 등은 이 말을 다시 끄집어내 마구 사용했다. 그래서 보수당 정부를 향한 새로운 분노는 자본주의를 향한 분노이기도 하다. 사람들은 이제 더는 민영화도, 높은 이자 부담도, 집 없는 설움도, 실업도, 고위층의 무자비함과 탐욕도 원하지 않는다. 사람들은 이제 더는 자본주의를 원하지 않는다.

그러면 사람들은 무엇을 원할까? 자본주의의 오래된 대안은 사회주의다. 여기서 사람들은 뒷걸음질 치고 혼란스러워한다. 자본주의는 명백히 혐오스럽다. 그렇지만 사회주의도 혐오스럽지 않은가? 바로 얼마 전 동유럽 사람들이 연이은 정치적 격변(제1차세계대전 뒤에 여러 나라에서 왕들이 쫓겨난 이래 유럽에서 일어난 가장 큰 격변) 속에서 거부한 것이 바로 사회주의 아닌가? 평범한 사람들을 말할 수 없이 끔찍한 가난과 궁핍으로 몰아넣은 것이 바로 소련의 사회주의 아니었나? 이런 증거로 볼 때, 사회주의는 자본주의보다 훨씬 더 관료주의적이고 불공평하고 무책임한 사회체제 아닌가?

만약 그렇다면, 우리가 바랄 수 있는 최선은 그저 지금 있는

---

* 니컬러스 리들리, 존 메이저 둘 다 대처 정부 시절 장관직을 맡았던 인물이다.

것들을 조합해서 고쳐 쓰는 것 아닐까? 만약 동유럽 사람들이 자본주의를 지지해 사회주의를 타도했고 바로 그것이 진짜 사회주의라면, 자본주의를 우리 삶의 일부로 받아들이고 조금씩 개혁하려 해야 하지 않을까?

나는 사회주의를 소련과 동유럽에서 이뤄진 끔찍한 왜곡에서 구해내고, 사회주의가 처음 제기됐을 때 그 핵심이 무엇이었는지 되새기고, 사회주의의 민주적 성격을 복원하고, 오늘날 좌파를 마비시키는 패배주의적 냉소를 극복할 진정한 사회주의적 대안을 제시하려고 이 책을 썼다.

40년 전 조지 오웰이 미래에 관한 책을 한 권 썼다. 그 책의 제목은 《1984년》이었다. 오웰이 상상한 끔찍한 사회의 특징 하나는 정부가 단어를 그것의 반대 의미로 쓰는 것이었다. 진실부部의 주된 목적은 거짓을 말하는 것이었고, 사랑부部의 주된 목적은 인간들 사이의 최소한의 애정조차 없애는 것이었다. 오웰의 《1984년》은 말로는 사회주의를 자처하면서 사회주의에 맞서 가차 없이 전쟁을 벌이는 정부에 대한 비할 데 없이 통렬한 비판이(었)다. 그러나 이 책에서는 변화의 희망을 찾아볼 수 없다. 오웰이 그린 악몽 같은 사회는 영원히 계속될 것처럼 보인다. 그가 그린 끔찍한 독재에 맞서 저항하는 것은 불가능해 보인다.

현실의 1984년은 잠시 존재했다가 사라졌고, 상황이 나쁘지만 오웰이 생각한 것만큼 나쁜 것은 아니다. (사회주의자로서 오웰이 혐오한) 소련과 동유럽의 정권들은 자국 국민의 손으로 타도됐다. 물론, 이 정권들이 무너진 직후에는 사회주의라는 단어가 증오의 대상이다. 이 단어는 지긋지긋한 옛 사회의 모든 것을 대표한다. 마찬가지로, 오웰이 《1984년》에서 그린 사회가 무너졌다면, '진실'이나 '사랑' 같은 단어도 증오의 대상이 됐을 것이다. 그러나 시간이 지나면 말이 조금씩 본래 의미를 되찾기 마련이다. 진실은 거짓의 반대말이고, 사랑은 증오의 반대말이다. 사회주의는 자본주의의 반대말이며, 따라서 50년 넘게 사회주의의 사례로 제시돼 온 사회들과 완전히 다른 것이다.

이 책의 주장은 사회주의, 진정한 사회주의가 자본주의의 유일한 대안이고, 여전히 그것을 위해 투쟁할 가치가 있다는 것이다.

1장 — 거센 파도

이 모든 조건[러시아 프롤레타리아가 차르 전제정을 타도하기 위해 필요한 높은 수준의 정치교육, 계급의식, 조직]은 소책자나 유인물이 아니라, 살아 있는 정치학교인 투쟁을 통해서만 그리고 투쟁 속에서, 즉 혁명의 연속적 과정 속에서만 충족될 수 있다.

— 로자 룩셈부르크, 《대중파업론》

세실 B 데밀의 영화 〈삼손과 델릴라〉의 시작을 알리는 장면에서, 지구가 자전하는 모습을 배경으로 다음과 같은 내레이션이 나온다. "태초부터 인간은 지상에 민주적 국가를 이룩하고자 분투해 왔다." 이 말은 약간 과장일 것이다(특히 그다음 말이 "그런 인간이 삼손이었다"이니 말이다) 그렇지만 여기에는 일말의 진실이 있다. 수천 년 동안 억압하는 자와 억압받는

자, 부자와 빈자, 강자와 약자가 존재했고, 그 시간 내내 전자는 후자를 수탈했다. 그리고 그 시간 내내 밑바닥 사람들은 차별이 없는 세계를, 강탈당하지 않고 평화롭게 사는 세계를 꿈꿨다. 그런 유토피아는 대부분 천상에 있었다. 지상에 존재한 극소수 유토피아는 현실 세계로부터 항상 고립돼 있었다.

봉건시대에는 물자가 모두에게 돌아가기에는 부족했다. 이를테면 식량이 모두가 먹기에 충분치 않았다. 누군가가 최악의 생활 상태에서 조금이라도 벗어나고자 한다면, 스스로 지배자가 돼 땅을 차지하고 그것을 경작하는 사람에게서 잉여생산물을 강탈해야 했다. 당연히 이런 일을 개인으로서 할 수는 없었다. 그들은 계급으로 뭉쳐 힘을 모아야 했다. 그래야 다수를 더 효과적으로 수탈할 수 있었고, 다른 지역의 지배자와 전쟁을 벌일 수 있었다.

'사회주의'라는 말은 마침내 봉건제를 무너뜨린 프랑스 대혁명 이후 처음 사용됐다. 당시에 들어선 자본주의 체제는 경제적·사회적 환경을 완전히 바꿨다. 자본주의는 남녀를 가리지 않고 한데 모아 서로 협력해 생산하도록 했다. 봉건제의 후진성과 고립성은 자본주의의 진보와 성장으로 대체됐다.

새 체제에서 생산된 부는 매우 막대해서 순식간에 물자가 모두에게 돌아갈 만큼 충분해졌다. 처음으로 모두가 비교적 평등하게 사는 사회를 상상하는 것이 가능해졌다. 착취하는 사람도 착취당하는 사람도 사라지고 생산수단을 개별 약탈자가 아니라 사회가 소유하는 사회 말이다. 노동자들은 협력해서 생산하고 있는데, 그렇다면 노동자들이 그 협력의 영역을 확장해서 무엇을 생산할지 그리고 그 생산물을 누구에게 어떻게 분배할지 결정하지 못할 이유는 무엇인가?

이렇게 협동하는 사회에서는 생산이 모두의 필요에 맞게 계획될 수 있을 것이다. 분배와 교환 등 사회의 모든 측면이 사회적으로 조직될 수 있을 것이다. 그에 따라 사회주의 사회에서는 서로 싸울 필요가 없을 것이다. 물자가 모두에게 돌아갈 만큼 충분할 것이므로, 누가 가장 강한 군대를 가졌는지나 누가 가장 큰 대포를 만들 수 있는지가 아니라 형편이 가장 어려운 사람들이 누군지를 기초로 물자를 분배할 것이다.

이런 간단한 사회주의 사상을 처음으로 설파한 사람들은 훗날 '공상적 사회주의자'라고 불렸다. 이들은 사람들이 그런 사상을 생각하고 받아들이면 그런 사회가 생겨날 것이라고 주장했다. 또 사상의 힘만으로 자본가가 자기 재산을 포기하거나 자기 재산을 (자신이 고용한 노동자를 포함해) 모두의 이익을 위해 쓰도록 설득할 수 있다고 주장했다.

그런 최초의 사회주의자 중 한 명이 영국의 로버트 오언이었다. 오언은 부유한 인물로, 스코틀랜드 뉴래너크에 직물 공장을 지어 자신의 사회주의 사상을 실천했다. 그 덕에 그 공장

노동자들은 그런대로 괜찮은 임금을 받았고 노동시간도 비교적 짧았다. 교육과 의료 서비스가 노동자와 그의 가족에게 제공됐다.

뉴래너크는 일하기 나쁜 곳이 아니었다. 그러나 뉴래너크는 완전히 이례적인 사례였다. 로버트 오언에게는 큰 고통이게도, 다른 사용자들은 모두 약탈적이고 탐욕스러운 구식 기독교적 가치를 선호했다. 뉴래너크는 고립 속에서 비틀거리고 휘청거리다가 결국 스코틀랜드의 다른 사용자들이 가하는 강한 압박으로 목 졸려 죽었다.

공상적 사회주의자들은 1840년대에 젊은 독일 혁명가 카를 마르크스에게 완전히 밀려났다. 사회주의가 오늘날 유력자들에게 모두 실패작으로 여겨지는 것과 마찬가지로, 카를 마르크스도 일생(1818~1883년) 동안, 그리고 그 이후로도 모든 세대의 정치인과 지식인에게 실패한 인물로 여겨졌다. 런던 북부 하이게이트에서 치러진 마르크스의 장례식에서 그의 동지이자 친구 프리드리히 엥겔스가 추도 연설을 했다. 엥겔스는 짧고 간소한 연설로 마르크스가 문명에 얼마나 큰 기여를 했는지 요약했다. 다윈이 인류가 동물로부터 진화했다는 사실을 발견한 것과 마찬가지로 마르크스는 다음의 사실을 발견했다.

이데올로기의 과잉이 이제껏 가려 온 간단한 사실, 즉 인류는 우선 먹을 것, 마실 것, 살 곳, 입을 옷을 마련한 후에야 정치·과학·종교·예술을 추구할 수 있다는 사실입니다. 그러므로 생활을 위해 당장 필요한 물질적 수단의 생산과 그에 따르는 [특정 시대, 특정 사람들이 성취한] 경제 발전의 정도가 토대를 이루고 그 위에서 해당 사람들의 정부 형태, 법 개념, 예술, 게다가 종교 사상까지 발달해 온 것입니다. … 지금까지 진실로 여겨지던 것과는 반대로 말입니다.

마르크스는 인류 역사 전체가 부를 둘러싼 계급들 사이의 투쟁으로 점철돼 있으며, 그중 한 계급이 부를 차지하고 그것을 이용해 다른 계급을 착취한다고 주장했다. 과학과 기술이 발전하면서, 하나의 착취계급은 사회의 자원을 더 효율적으로 이용하는 또 다른 착취계급으로 대체됐다. [그러나] 마르크스는 자본주의가 등장하면서 착취의 필요성이 사라졌다고 봤다. 만약 협동해서 부를 생산하는 대중인 노동계급이 자본가계급에게서 생산수단을 빼앗아 장악할 수 있다면, 착취는 영원히 사라지고 사회는 다음과 같은 유명한 구호에 따라 운영될 수 있을 것이다. "각자 능력에 따라 일하고 각자 필요에 따라 분배한다."

마르크스 이래 유명 인사들은 그가 현실과 동떨어진 학자였고 대중이 아니라 지식인을 위해 글을 쓴 사람이라고 폄훼

했다. 이런 견해는 마르크스가 평생 주로 무엇에서 영감을 받았는지를 전혀 알지 못한다. 엥겔스가 마르크스의 장례식에서 한 연설을 다시 보자.

> 마르크스는 무엇보다 혁명가였습니다. 그는 자본주의 사회와 그로부터 생겨난 다양한 통치 형태를 타도하는 데 … 어떻게든 기여하는 것을 인생의 진정한 사명으로 여겼습니다. 투쟁이 그의 본성이었습니다.

마르크스의 딸 엘리너가 마르크스에게 가장 좋아하는 역사적 인물이 누구냐고 물었을 때 마르크스는 거침없이 스파르타쿠스라고 대답했다. 로마제국에 대항한 이 노예 혁명 지도자의 투쟁 정신은 마르크스가 자기 시대의 계급투쟁에 열정을 쏟도록 고무했다. 마르크스가 썼듯이, 사람들이 썩어 빠진 세계를 아는 것은 더할 나위 없이 좋은 일이었다. 그러나 가장 중요한 것은 세계를 변혁하는 것이었다.

그런데 세계는 어떻게 바뀔 수 있을까? 새 사회에 대해 사색하기만 하거나 새 사회를 미리 보여 줘서 사람들의 마음을 끌려 애쓰는 것은 분명 아무 소용이 없다. 노동자들을 수탈해 권력과 부를 쌓는 착취자들은 자신들의 부와 권력에 대해 감상적이거나 유약한 태도를 보이지 않는다. 그들은 자신들의 부와 권력을 지키기 위해서라면 무력 사용도 서슴지 않을 것이다. 그 부와 권력이 아무리 지적·도덕적으로 정당화되지 않더라도 결코 그것을 포기하지 않을 것이다. 착취자들이 부와 권력을 내려놓는 것은 착취받는 계급(노동계급)이 혁명으로 생산수단을 장악하는 것에 달려 있다. 아무도 이 일을 노동계급 대신에 하지 못한다. 사회주의는 공상적 사회주의자도 독재자(자애로운 자든 그렇지 않은 자든)도, 개혁주의 지식인과 정치인도 도입할 수 있는 것이 아니다. 사회주의를 위한 첫째 전제조건은 노동자가 사회의 부를 장악하는 것이다.

마르크스는 (150년이 지난 지금도 매우 흔한) 다음과 같은 주장에 정면으로 맞섰다. 노동자들이 사회를 바꿀 거라고 어떻게 기대할 수 있는가? 그들은 계급 지배의 최대 피해자도 아니잖은가? 그들도 종교에 빠져 있고 인종차별적이고 민족주의적이고 부정을 저지르고 폭력적이지 않은가?

마르크스는 이런 모욕에 분개했다. 마르크스는 1840년대 말 파리에서 망명 생활을 할 때 파리 노동자들과 많은 시간을 보냈다. 그는 노동자들 사이에 매우 용감하고 자기희생적인 사람들이 있고, 파업 같은 집단적 투쟁에 참가하면서 노동자들의 사고방식이 빠르게 변화할 수 있다는 것을 알게 됐다.

그러나 마르크스는 많은 중간계급 사회주의자와 달리 노동자를 숭배하지는 않았다. 그는 착취적 사회가 사회 구성원 모두를, 즉 착취자뿐 아니라 피착취자도 타락시킨다는 것을 알았다. 말 그대로, 자본주의 사회는 모든 것을 오물로 뒤덮는다. 무엇보다 바로 이 점 때문에 노동자 혁명이 필요한 것이다. 마르크스는 다음과 같이 썼다.

> 이런 혁명이 꼭 필요한 이유는, 다른 방법으로는 지배계급을 타도할 수 없을 뿐 아니라, 지배계급을 타도하는 계급은 오로지 혁명 속에서만 오래된 오물을 털어 내고 새 사회를 건설하는 데 적합해질 수 있기 때문이다.

개혁이 위로부터 누군가에 의해 노동자의 이름으로 성취되더라도 오래된 오물은 노동자들에게 그대로 붙어 있다. 착취로 생겨난 위계 때문에 심지어 가장 멸시받고 가장 심하게 착취당하는 노동자들조차 다른 사람을 모욕하고 괴롭히게 된다. 자신이 모욕당하고 괴롭힘당하는 것과 마찬가지로 말이다. 이런 환경에서 노동자들은 자부심을 느낄 만한 게 아닌 것(가령 피부색·성별·국적·출생지·종교)에서 자부심을 느낄 것이다. 이런 것들은 관습·유전·믿음에 의해 선택되는 것으로, 사람들의 능력이나 성격과는 전혀 상관이 없는데도 말이다. 이것들이 오래된 오물이다. 이런 오물을 어떻게 털어 낼 수 있을까? 누군가가 노동자들을 대신해 줄 수 있을까? 아니면 노동자들이 자신들의 생산력과 파업·시위·저항을 조직함으로써 스스로 해야 할까?

사람들이 마르크스에게 사회주의 사회의 청사진을 요구했을 때 그는 단칼에 거절했다. 마르크스는 "[미래의] 요리 책에 들어갈 요리법을 제공"하지는 않겠다고 말했다. 마르크스는 '사회주의는 무엇인가?' 하는 질문은 '사회주의는 어떻게 성취될 수 있는가?' 하는 문제와 떼려야 뗄 수 없다고 주장했다. 사회주의 이상향을 성취하는 동안 노동자들이 수동적 상태로 남아 있기를 바란다면, 그런 이상향은 아무런 의미가 없는 것이다. 새 사회의 씨앗은 오로지 옛 사회에 대항한 투쟁 속에서만 뿌려질 수 있다. 노동자가 자본으로부터 해방될 수 있는 유일한 방법은 아래로부터의 능동적 투쟁뿐이고, 아래로부터 투쟁은 위로부터 착수될 수 없고 그러지도 않을 것이다.

1864년 마르크스는 국제노동자협회[제1인터내셔널] 규약을 썼다. 첫 구절은 다음과 같이 시작했다. "노동계급의 해방은 반드시 노동계급이 스스로 쟁취해야 한다" 이 구절은 국제노동자협회 회원증에도 적혀 있었다. 이 원칙은 마르크스의 사회주의에서 가장 중요한 것이었다.

국제노동자협회 창립 7년 후, 파리의 민중은 도시 노동계급이 이끄는 봉기를 일으켜 오래된 오물을 털어 내고 자신들의 정부를 세웠다. 바로 파리코뮌이다. 파리코뮌은 두 달 정도

존속하다가 매우 흉포한 지배계급의 학살에 파괴됐다. 마르크스는 즉시 글을 썼고, 그것은 역사상 가장 강력한 정치적 소책자[《프랑스 내전》]가 됐다. 그는 그 글을 국제노동자협회 중앙집행위원회 회의에서 큰 소리로 낭독했다. 마르크스는 코뮌의 성취 중에서 두드러지는 것은 노동계급의 자력 해방이었다고 말했다.

> 그들은 혁명에 대한 실질적 통제권을 스스로 장악했고, 동시에 (성공할 경우에는) 그 통제권을 대중 자신의 수중에 유지할 수단을 발견했다. 그것은 지배계급의 국가기구를 그들 자신의 행정기관으로 대체하는 것이었다. 이것이 그들이 저질렀다고 하는 형언할 수 없이 끔찍한 범죄다!

그들은 어떤 종류의 사회를 세웠나? 마르크스는 다음과 같이 보고했다.

> 코뮌은 자치위원들로 구성됐는데, 이들은 파리의 여러 구區에서 보통선거로 선출됐고 시민들에게 책임을 지며 언제든지 소환될 수 있었다. … 코뮌은 의회 기구가 아니라 실행 기구였고, 입법부와 행정부의 구실을 동시에 하는 기구였다. 경찰은 더는 중앙정부의 하수인이 아니게 됐다. 즉시 그 정치적 속성을 박탈당한 경

찰은 이제 코뮌에 책임지고 언제든 소환될 수 있는, 코뮌의 집행인이 됐다. 행정부의 각 부서에서 일하는 관리들도 마찬가지였다. 코뮌의 자치위원 이하 모든 공무원은 노동자 임금을 받고 일해야 했다. 국가 고위 관료가 누리던 특권과 판공비는 고위 관료직 자체와 함께 사라졌다.

코뮌은 잘 작동했다. 이는 마르크스에게 놀라운 일이 아니었다. 그가 보기에 코뮌은 "생산계급이 착취계급에 맞서 싸운 투쟁의 산물"이었기 때문이다. 그것은 노동계급의 자력 해방이 무엇인지를 생생하게 보여 줬다.

마르크스의 마음을 끌어당긴 코뮌의 또 다른 측면은 민주주의였다. 마르크스는 코뮌이 선출됐다는 사실과 그것이 선출된 방식을 좋아했다. 코뮌은 세상에 알려진 그 어떤 의회 민주주의보다 훨씬 더 민주적이었다. 의회뿐 아니라 행정부, 사법부, 경찰, 교육·과학·산업·금융 부서 등이 모두 (《프랑스 내전》에 가장 자주 등장하는 두 단어대로) '책임'지고 '소환'될 수 있는 기구가 됐다. 마르크스는 노동자들이 작업장에서 대표자를 어떻게 뽑는지를 봤다. 노동자들은 가장 신뢰하는 사람을 대표자로 뽑았고, 이들은 특권이나 추가 보수를 누리지 않았다. 선출된 사람들은 끊임없이 문제 제기를 받았고 자신의 책무를 다하지 않으면 소환됐다. 이것은 사람들이 자신들의 대표자를 선택하는 자연스러운 방법이었다. 이 방식 때문에 대표자는 유권자와 멀어질 수 없었다. 이것이 바로 일반 대중이 신뢰할 수 있는 민주주의였다.

지난 130여 년 동안 마르크스의 적들은 마르크스를 민주주의에는 전혀 관심이 없는 독재자로 왜곡했다. 에드먼드 윌슨은 사회주의 사상이 프랑스 [혁명]에서 러시아 혁명으로 성장해 나간 것을 다룬 그의 유명한 책 《핀란드 역으로》에서 마르크스가 "[권위주의적인 나라에서 자라서] 민주주의를 전혀 상상할 수 없었다"고 썼다. 글쎄, 마르크스는 무언가를 상상하는 것에는 도무지 관심이 없었다. 그러나 그가 처음 정치에 발 디딘 계기는 독재에 대한 혐오와 민주주의에 대한 염원이었다. 청년 시절 마르크스는 모두에게 '극단적 민주주의자'로 알려져 있었다.

마르크스 자신도 민주주의에 대한 강렬한 염원이 그를 사회주의로 인도했다고 썼다. 산업·금융·법·군대가 전혀 선출되지 않고 책임지지 않는 소수의 수중에 남아 있다면, 민주주의는 허울일 뿐이다. 그런 민주주의에서 민주적 요소는 부패해 결국 사라지기 마련이다. 명실상부한 민주주의를 이룩하려면 노동자가 스스로 해방해야 하고, 그 과정의 일환으로, 계급 지배 탓에 꽉 막혀 있는 모든 사회 영역을 민주화해야 한다. 1845년 엥겔스는 다음과 같이 썼다. "오늘날 민주주의는 공산주의다. … 민주주의는 대중의 원칙이 됐다. … 프롤레타리아 정당들이 자신의 기치에 '민주주의'라는 단어를 새긴 것은 완전히 옳다."

사회주의의 핵심은 위계적이고 관료적이고 비민주적인 사회(자본주의)를, 노동 대중이 자신의 대표자들을 통제하고 대표자들은 그에 따라 행동하는 진정한 민주주의로 대체하는 것이다.

이 요소들(노동계급이 자신의 투쟁으로 이룩하는 자력 해방, 그런 해방에 뒤따르는 민주적 사회)이 사회주의의 심장이다. 이것이 없다면 사회주의는 죽는다. 사회주의 사회의 특징이라고 하는 모든 요소(예를 들어 계획경제)는 자력으로 해방된 노동계급과 진정한 민주주의에 의존한다. 노동자들이 계획에 참여하지 않는다면, 노동자를 위해 계획되는 사회주의 경제란 있을 수 없다. 피라미드를 건설하는 데도 계획이 필요했지만, 이 새 계획 덕분에 피라미드를 짓던 노예들이 채찍질 아래 사는 삶에서 벗어나 크게 기뻐했다는 기록은 없다. 사회주의의 다른 모든 특징과 마찬가지로, 계획은 계획자가 누구이고 어떻게 달성되는지에 따라 성격이 달라진다. 사회주의는 아래로부터 통제에 의존하고, 아래로부터 통제는 결코 위로부터 생겨날 수 없다.

마르크스는 1883년에 죽었다. 그때는 사회주의가 아직 소수의 관심사였다. 마르크스가 죽고 나서 마르크스의 원칙을 기초로 설립했다고 자처한 독일 사회민주당이 크게 성장했다.

독일 지배계급이 투표권을 주지 않고, 성장하는 노동운동을 탄압하는 동안에는 사회주의가 혁명을 통해서만 성취될 수 있다는 것이 대다수 사람들에게 분명했다. 그러나 점차 노동자들이 투표권을 가지게 되고 노동조합이 거대하고 영향력 있는 조직으로 성장하자, 대다수 사회주의자들은 태도를 바꾸기 시작했다. 1898년 에두아르트 베른슈타인이 소책자를 하나 썼다. 다른 사회민주당 지도자들은 즉각 베른슈타인을 비판했다(비록 속으로는 그의 주장에 동의했지만 말이다). 베른슈타인은 투표권과 노동조합 덕분에 사회주의의 전망이 바뀌었다고 주장했다. 투표권과 노동조합 덕분에 노동계급은 혁명 없이도 해방될 수 있다는 것이었다. 사회주의자들이 국회의원으로 선출돼 체제를 변화시킬 법을 통과시킴으로써 말이다. 이는 정부나 국가를 적대하지 않고, 대중에게 위험을 감수하라고 요구하지 않고, 다시 말해 무언가를 실천하거나 생각하라고 요구하지 않고도 성취될 수 있었다. 대중은 그저 투표만 하면 됐다.

베른슈타인의 책은 독일 사회민주당의 다른 지도적 당원인 로자 룩셈부르크의 맹렬한 비판을 받았다. 룩셈부르크 비판의 핵심은 베른슈타인의 주장이 단지 수단과 목적에 관한 것이 아니라 사회주의 자체에 관한 것이라는 점이었다.

정치권력 장악과 사회혁명에 반대하며 그 대신에 개혁 입법을 택하는 사람은, 사실 같은 목표를 이루는 더 평온하고 안정적이고 느린 길을 선택한 것이 아니라, 전혀 다른 목표를 선택한 것이다. 그들은 새 사회를 건설한다는 입장이 아니라, 옛 사회의 겉모습을 수정한다는 입장을 택한 것이다. 그러면 우리의 강령은 사회주의 실현이 아니라 자본주의 개혁이 되고 만다.

룩셈부르크는 자본주의가 법으로 만들어진 것이 아니므로 법으로 폐지할 수 없을 것이라고 주장했다. 자본주의는 경제체제이므로 다른 경제체제로 교체돼야 한다는 것이었다.

베른슈타인의 제안에서 가장 나쁜 점은 대중을 수동적 상태로 남겨 둔다는 것이었다. 그런 대중은 오래된 오물을 털어내지 못하고 그래서 사회를 바꾸지도 못한다. 이렇게 대중이 수동적이면 베른슈타인 같은 개혁가들은 가장 사소한 개혁을 성취하기도 어려울 것이라고 룩셈부르크는 내다봤다. 그러나 가장 중요한 점은 베른슈타인의 주장이 사회주의를 이루는 방법을 바꿈으로써 사회주의 자체의 의미를 바꿔 버린다는 것이었다.

로자 룩셈부르크의 베른슈타인 비판은 1900년 《사회 개혁이냐 혁명이냐》라는 소책자로 출판됐다. 룩셈부르크는 6년 뒤 훨씬 더 주목할 만한 다른 소책자 《대중파업론》에서 다시 비판을 시작했다. 이 책의 집필에 영감을 준 사건은 1905년 러시아 혁명이었다. 그녀는 수백 년 된 러시아의 압제에 제동이 걸리는 과정을 지켜보며 열광했다. 이 일은 상층의 현명한 사람들이 옛 사회를 점진적으로 개혁하거나 겉모습을 보수하는 것이 아니라, 아래로부터 거대한 격변으로 일어났다. 그녀는 대의원 대회, 스포츠 동호회, 도서관, 사무실, 대리석 깔린 회의장을 통한 독일 노동조합의 느리고 정적이고 정돈된 발전을 러시아 노동자들이 일으킨 봉기와 대조했다. 심지어 러시아 노동자의 다수는 노동조합원도 아니었다.

> 독일 노동조합의 수호자들은 대부분 노조 조직이 혁명의 회오리바람 속에서 진귀한 도자기가 깨지듯 산산이 부서질까 두려워하지만, 러시아 혁명은 우리에게 정반대 그림을 보여 준다. 회오리바람과 폭풍 속에서, 대중 파업과 시가전의 불길 속에서, 비너스가 거품에서 나오듯이, 신선하고 젊고 힘이 넘치고 활력 있는 노동조합이 다시 생겨난다.

점잔 빼며 의회 선거에서 투표할 후보자를 고르는 오래된 노동조합 활동가들의 위원회보다 투쟁 속에 있는 경험 없는 노동자들의 단체가 훨씬 낫다. 《대중파업론》에는 투쟁하는 노동자들의 자력 해방이라는 살아 있는 기운이 고동친다. 파리

코뮌 때 마르크스를 흥분시켰던 바로 그 기운이었다. 룩셈부르크는 베른슈타인식의 수동적이고 단편적인 진보에 대비해, "살아 있는 정치학교", "활기 넘치는 보통 사람들", 투쟁하는 노동자들이 일으키는 "거센 파도", 자본주의 방벽의 붕괴, 그 과정에서 노동자들이 스스로 오래된 오물을 털어 내는 것을 강조했다.

에두아르트 베른슈타인과 로자 룩셈부르크의 이런 논쟁은 20세기 내내 다양한 형태로 반복됐다. 압도 다수의 사회주의자(심지어 마르크스주의자)가 베른슈타인을 편들었다. 개혁주의자들은 진정한 개혁을 제공했고 그런 개혁의 많은 것이 노동 대중의 실제 삶에 영향을 미쳤다. 개혁주의자들은 개혁을 성취할 수 있는 분명한 도구를 제공했다. 노동당 정부나 사회민주당 정부를 선출해 의회에서 새 법을 제정하는 것 말이다. 개혁주의자들은 대중에게 거의 아무것도 요구하지 않았다. 대중은 그저 투표만 하면 됐다. 이론적으로 성공이 불투명하고 실천적으로 위험천만한 혁명을 일으키기보다는 평화적 의회를 통해 사회주의를 이루는 것이 얼마나 더 "합리적"이고 "실용적"인가!

베른슈타인의 방법을 현실에서 아주 잘 보여 준 사례는 영국 의회에 제출된 다음의 발의안이었다. 이 발의안은 1923년 3월 20일과 7월 16일에 토론됐다.

자본주의 체제는 천연자연과 생산력을 적절히 이용하거나 조직하지 못하고 대다수 인구에게 필수적 생활수준을 제공하지 못하고 있다. 또 이 실패의 원인은 생산·분배 수단의 사적 소유와 지배에 있다. 따라서 의회는 자본주의 체제를 점진적으로 폐지해 생산·분배 도구의 공적 소유와 민주적 지배를 기초로 한 산업·사회 질서로 나아가도록 입법 노력을 기울여야 한다고 선언한다.

이 토론의 마지막 발언은 당시 노동당 대표 램지 맥도널드의 다음과 같은 말이었다. "저는 사회주의에 찬성합니다." 그날 맥도널드는 의회 표결에서 패배했다. 121명이 사회주의에, 368명이 자본주의에 투표했다.

그러나 몇 달 뒤 램지 맥도널드는 기회를 얻었다. 그는 노동당을 첫 선거 승리로 이끌었고 총리가 됐다. 그의 정부는 1년을 지속하지 못했다. 그의 정부는 아무것도 하지 않았다.

맥도널드의 노동당은 1929년에 다시 집권하며 영국에서 "실업이라는 골칫거리"를 영원히 없애겠다고 약속했다. 당시 실업자는 100만 명이었다. 노동당 정부 2년 뒤 실업자는 300만 명으로 늘었고 맥도널드는 [노동당을 탈당해] 보수당과 함께 [거국내각인] 국민정부를 꾸렸다.

20세기 내내 유럽 곳곳에서 노동당 정부와 사회민주주의 정부가 들어섰다. 그 정부들의 모델은 베른슈타인의 방법(의회를 통해 사회주의 정책을 입법하는 것)이었다. 그 정부들의 임기가 끝났을 때, 자본주의는 더 강해지고 사회주의는 더 약해졌다. 로자 룩셈부르크가 내다본 것처럼, 점진적 수단에 대한 열광은 목표를 점차 지워 버렸다. 이제는 노동당도 사회민주주의 정당도 "[자본주의의] 점진적 폐지"든 다른 수단으로든 사회주의를 이루자는 법안을 의회에서 발의하지 않는다. 오히려 이 정당들은 자신들이 사회주의를 전혀 바라지 않는다는 것을 인정하게 됐다. 로자 룩셈부르크가 예측했듯이, 그들은 "자본주의 개혁"이라는 "다른 목표"를 지향한다.

사회주의가 그 정수(노동계급의 자력 해방, 아래로부터 조직하는 민주적 사회)를 잃었을 때, 그것은 더는 사회주의가 아닌 전혀 다른 것이 됐다.

이런 음울한 결과를 남겼지만, 20세기 대부분의 시기에 베른슈타인의 후예들이 논쟁에서 승리했다. 그러나 그들은 자신들이 원하는 것을 이루지 못했다. 앞서 언급한 1923년 영국 의회에서 벌어진 토론에서 머더웰 지역의 국회의원 존 뉴볼드는 다음과 같은 주목할 만한 예측으로 노동당 지도자들을 당혹케 했다.

> [발의안이 통과되더라도] 명백히 아무 일도 일어나지 않을 것입니다. 왜냐하면 노동당이 실력 행사를 찬성하지 않는다는 것을 우리

모두 알고 있기 때문입니다. 그래서 노동당은 지배계급에게 그들의 재산을 빼앗지 않을 것이라고 말해 왔습니다. 일련의 결의문 채택 말고는 아무 일도 일어나지 않을 것이고, 지배계급은 다음과 같이 말할 것입니다. "아무 일도 일어나지 않을 테니 우리는 우리 수중에 있는 자본을 계속 가지고 있겠다."

존 뉴볼드는 의회에서 2명밖에 안 되는 소수파였지만, 사회주의의 정신과 마르크스, 엥겔스, 로자 룩셈부르크의 전통을 강력하게 변호했다. 그는 공산당원이었고 러시아 혁명의 지지자였다.

2장 — 최고조

이들 볼셰비키는 4개월 전만 해도 멸시와 박해에 시달리던 종파에 불과했지만, 이제는 정상의 자리에 올라 봉기가 최고조에 이른 거대한 러시아의 키를 잡게 됐다!

— 존 리드, 《세계를 뒤흔든 열흘》

로자 룩셈부르크에게 큰 영감을 준 1905년 러시아 혁명 때, 도시 노동자는 새로운 형태의 정치권력을 만들었다. 그때까지 전 세계 대부분의 피억압 민중에게 민주주의란 기껏해야 의회를 보통선거로 선출하는 것이었다. 물론 차르 독재 아래 러시아의 노동자와 농민은 투표권도 없었다. 그럼에도 1905년 혁명의 거대한 격변 속에서 러시아 노동계급은 선출된 의회보다 훨씬 더 진전된 민주주의에 다다랐다. 그들은 어떤 청사진도 없이 파리코뮌의 민주주의를 더 발전시킨 노동자 평의회(소비에트)를 스스로 만들었다.

소비에트의 대표자들은 [자신이 대표하는 사람들에게] '책임'을 져야 했고 어느 때고 '소환'될 수 있었다. 소비에트 대표자들의 보수는 그들이 대표하는 사람들의 임금과 똑같았다. 그들은 곧 자연스레 여러 지역의 소비에트를 연결해 민주적 권력 네트워크를 세울 수 있었다. 이 민주적 권력 네트워크는 전례가 없는 것이었다. 심지어 파리코뮌 때도 없었고 그 후에도 없었다.

1905년 혁명은 차르와 그의 군대에 진압당했다. 그 후 12년 동안 차르는 마지못해 투표권을 일부 허용했다. 몇 년 동안 러시아 사회민주노동당의 양쪽 날개 볼셰비키(혁명가)와 멘셰비키(개혁주의자)는 [자문 기구 성격의] 의회인 두마에 의석이 있었다. 그러나 소비에트는 일절 엄격하게 금지됐다. 1905년에 잠시 존재했던 소비에트는 유산계급에게 그 어떤 의회 개혁 운동보다 훨씬 큰 공포를 심어 준 것이다.

1917년 2월, 러시아 노동자와 농민은 다시 한 번 일어나 훨씬 더 맹렬하게 혁명을 벌였다. 제1차세계대전이 가한 고통이 유럽의 어느 나라보다 러시아에서 가장 컸기 때문이었다. 전쟁도, 차르와 그 참모들의 무자비한 계급 정책도 끝날 것 같지 않았다. 2월 혁명은 순식간에 차르 독재를 완전히 타도했다. 차르 독재를 대신해 임시정부가 들어섰다(이 정부는 [제헌]의회를 약속하면서 전쟁을 지속했다). 동시에 노동자·병사·농민은 1905년보다 훨씬 큰 규모의 소비에트를 건설했다.

그 뒤 격동의 9개월 동안 기존 국가와 새로운 소비에트라는 두 권력이 나란히 작동했다.

케렌스키를 총리로 한 임시정부는 전쟁의 부담 때문에 방향을 잃고 비틀거렸지만, 그럼에도 전쟁을 지속하기로 결정했다. 케렌스키는 차르가 추진하던 정책들을 몇 번이고 다시 추진할 수밖에 없었다. 임시정부의 인기가 빠르게 사라지기 시작했다. 도시와 농촌 모두에서 사람들은 소리 높여 더 많은 것을 요구했다. 대체로 정부는 그 요구를 들어주지 않았다. 민중(특히 노동계급)의 분노와 염원은 그들을 더 잘 대변하는 정치조직인 소비에트를 통해 표현됐다.

소비에트가 처음 선출된 2월에는 농민의 지지를 받는 사회혁명당과, 사회민주노동당의 멘셰비키가 득세했다. 멘셰비키는 소비에트가 임시정부에 조언을 주고 압박하는 구실을 해야지 임시정부를 대체하려 하면 안 된다고 주장했다. 그들은 소비에트를 자문 기구이자 좀 더 발전한 형태의 노동조합으로, 즉 사람들이 의견을 표출하고 그것을 진정한 권력인 임시정부로 전달하는 기구로 여겼다.

그러나 볼셰비키는 '모든 권력을 소비에트로!'라는 구호를 내걸었다. 몇 달 동안 그들은 여전히 소수파였다. 1917년 6월 제

1차 전국 소비에트 대회에 참석한 대의원은 농민에 기반을 둔 사회혁명당 소속이 283명이었고, 멘셰비키 소속이 248명, 볼셰비키 소속이 105명이었다.

소비에트가 임시정부에 종속돼 있다는 생각은 소비에트가 통과시킨 결의안에 반영됐다. 심지어 선진적 지역인 모스크바와 페트로그라드 소비에트의 결의안도 임시정부에 아부하거나 읍소하거나 촉구하는 것이었다.

그러나 이런 분위기는 신속히 바뀌었다. 물가 상승, 갈수록 참혹해지는 전쟁, 임시정부의 우유부단과 무기력은 노동자들이 행동에 나서도록 자극했다. 노동자들은 공장에서 생산을 통제하기 시작했다. 주거·위생·연료·식량과 관련한 사회문제들이 갈수록 지방의회나 지방정부 같은 행정조직이 아니라 점점 지역 소비에트의 소관이 됐다. 케렌스키 쪽으로 크게 기울어 있던 권력의 추가 소비에트 쪽으로 넘어오기 시작했다.

처음에 이는 집수리나 상여금 청구 해결 같은 '실용적' 결정에만 반영됐다. 그러나 이런 문제조차 기업주와 지주의 실질적 경제 권력과 대립하게 되면서 소비에트는 점점 정치적인 논의와 요구를 다루게 됐다. 1917년 8월, 기업주와 지주는 군사 쿠데타를 지지해 소비에트를 파괴하려 했다. 노동자들은 무장했고 쿠데타는 패배했다.

그 결과 소비에트의 영향력과 소비에트 안에서 볼셰비키의 영향력이 놀라울 만큼 커졌다. 처음에 소비에트들은 볼셰비키의 결의안을 통과시키기 시작했다. 그다음에는 볼셰비키가 소비에트들에서 다수파가 됐다. 8월 31일 당시 러시아의 최대 도시 페트로그라드의 소비에트는 볼셰비키의 결의안을 처음으로 통과시켰다. 노동자들의 산업 통제, 강화 협상 즉각 개시, 대토지 몰수, '혁명적 프롤레타리아와 농민'의 정부 수립을 요구하는 내용이었다.

이 요구는 곧 세 단어의 구호로 압축됐다. 빵·토지·평화. 2주 뒤 볼셰비키는 페트로그라드와 모스크바 소비에트를 통제하게 됐다. 전국 소비에트 대회가 다시 열린 10월에, 러시아의 정치 상황은 완전히 변해 있었다. 이제 대의원들은 볼셰비키 소속이 390명, 사회혁명당 소속이 160명, 멘셰비키 소속이 72명이었다.

소비에트의 이런 변화는 볼셰비키 당원 수의 변화로 훨씬 더 극명하게 드러났다. 존 리드가 "멸시와 박해에 시달리던 종파"였다고 표현한 볼셰비키는 거의 순식간에 대중정당이 됐다. 4월에서 10월 사이에 페트로그라드 볼셰비키 당원 수는 1만 6000명에서 4만 3000명으로 늘었다. 모스크바의 당원 수는 3월에 겨우 600명이었지만 8월에는 1만 5000명이었다. 키예프에서는 200명이 4000명으로 늘었고, 예카테린부르크에서는 40명이 1700명으로, 작은 산업도시 이바노보보즈네센스크에서는 3월에 10명이던 당원 수가 8월에는 5440명으로 늘었다.

임시정부가 말도 실천도 바꾸지 않는 동안, 러시아 노동자들은 태도를 완전히 바꿨다. 이런 변화는 파업·시위·집회·토론이 끊임없이 벌어지는 큰 사회적 격변 속에서 일어났다. 케렌스키는 정말로 알아채지 못하고 있었지만 노동계급의 자력 해방이 일어나고 있었다.

볼셰비키 지도자 레닌이 망명을 끝내고 러시아로 돌아온 것은 1917년 4월이었다. 레닌은 즉시, 케렌스키 정부를 사회주의 정부로 대체할 혁명 전략에 착수했다. 그는 임시정부의 마비가 볼셰비키 지도자들에게도 영향을 미쳤음을 알게 됐다. 많은 볼셰비키 지도자는 임시정부를 (사람들이 바랄 수 있는) 민주주의의 최고 형태로 봤다. 그래서 그들은 임시정부를 지지하는 쪽으로 정치를 조정했다. 레닌은 의회보다 더 진보한 형태의 민주주의를 창출할 수 있다고 즉각 대답했고 이 주장을 격변의 수개월 동안 계속 펼쳤다.

> 부르주아 민주주의는 중세와 비교하면 위대한 역사적 진보이지만, 자본주의 사회에서는 필연적으로, 항상 제한적이고 불완전하고 위선적인 가짜 민주주의일 수밖에 없으며, 부자들에게는 천국이지만 착취당하는 사람들과 가난한 사람들에게는 덫이고 속임수다. … 현대 부르주아 민주주의의 문명화되고 세련되고 향기

로운 외관 아래에는 가난한 사람들에 대한 속임수·폭력·부패·허위·위선·억압이 숨어 있다.

레닌은 역사상 여느 저술가 못지않게 신랄한 논객이었지만 파괴적·경멸적 언어에 의존하지는 않았다. 그는 "세련되고 향기로운" 의회에 맞서 민주적 정치권력을 이루기 위한 현실적이고 살아 있는 수단을 제시했다. 1917년 여름, 그는 혁명 활동에서 잠시 떨어져 《국가와 혁명》을 쓰면서 다음의 질문을 다시 던졌다. 이 부패하고 마비된 임시정부를 넘어서 나아갈 방법이 있을까? 만약 임시정부를 버리면 우리에게 있는 보잘것없는 민주주의의 가능성마저 모두 버리게 되는 것이 아닐까?

레닌은 의회가 민주적이어서 문제가 아니라 충분히 민주적이지 않아서 문제라고 답했다. 그는 마르크스, 엥겔스, 로자 룩셈부르크가 주장한 사회주의를 다시 언급했다.

의회제에서 벗어나는 길은 대의 기구와 선출의 원칙을 폐지하는 것이 아니라, 단지 '잡담 장소'일 뿐인 대의 기구를 일하는 기구로 전환하는 것에서 찾을 수 있다.

의회의 문제는 의회는 말만 하고 실행은 다른 누군가가 한다는 데 있다.

국가의 실질적 업무는 무대 뒤편에서 정부 부처, 장관, 고위 관리가 수행한다.

"국가의 실질적 업무"를 수행하는 이 사람들은 선출되지 않고 책임을 지지 않고 소환될 수 없다. 그들은 유산계급(자본가계급)을 직접 대변한다. 따라서 선출된 대표자들이 "보통 사람들을 기만"할 목적으로 수다를 떠는 동안, 보통 사람들을 강탈하는 "국가의 실질적 업무"는 계속된다.

그때나 지금이나 레닌을 '독재자'나 '폭군'이라고 욕하는 많은 지식인은 《국가와 혁명》을 읽었을 리가 없다. 《국가와 혁명》은 사회주의와 민주주의가 떼려야 뗄 수 없는 관계라고 반복해서 말한다.

레닌은 다음과 같이 썼다. "대의 기구 없는 민주주의는 상상할 수 없다. 심지어 프롤레타리아 민주주의에서도 마찬가지다." 대의 기구는 사회주의에 활력을 불어넣는 근원이다. 그리고 사회주의자들은 자신들의 대의 기구가 진정으로 대중을 대표하고 진정으로 민주적이고 진정으로 책임을 지며 언제든 소환될 수 있고, 무엇보다 착취계급의 부패하고 역겨운 간섭을 받지 않도록 해야 한다. 착취계급은 선출된 의회가 있더라도 자신들의 통제력을 지킬 수 있다. 공무원·군대·경찰·언론·사법기관 등 국가기구를 그들이 통제하기 때문이다. 진정한 민주주의가 세워지고 사회가 진정으로 대표성 있는 기구에 의해 통치되려면, 기존 국가가 파괴되고 완전히 새로운 국가가 민주적이고 평등한 사회에 걸맞은 형태로 재건돼야 한다.

> 국가 공무원의 기능을 단지 노동자들의 지시를 수행하는 것으로 축소해야 한다. 그들은 책임을 지고 소환될 수 있고 평균적 보수를 받아야 한다.

그러므로 사회주의의 토대인 민주주의와 대의 기구는 단지 노동자들이 수동적으로 읽고 이해해야 하는, 칠판에 적힌 공문구 같은 것이 아니다. 민주주의와 대의 기구는 투쟁 속에서 창조돼야 한다. 마르크스가 그랬듯이 레닌도 "새 사회는 낡은 사회에서 탄생한다"고 썼다.

《국가와 혁명》 1부는 1917년 8월에 출판됐다. 2부는 나오지 못했다. 1917년 12월, 레닌은 개정판에 '후기'를 덧붙이며 당시에 다른 일에 몰두하고 있었다고 설명했다. "혁명을 직접 체험하는 것이 혁명에 대해 쓰는 것보다 더 즐겁고 유익하다."*

[《국가와 혁명》에 나오는] 노동계급의 해방에 대한 레닌의 개괄적

---

* 실제로는, 《국가와 혁명》 1부는 1917년 7~8월에 쓰여 1918년에 출판됐고, 언급된 후기도 초판에 포함됐다.

설명은 지금 읽어도 매우 설득력 있다. 노동자들이 스스로를 해방하고 있을 때 쓰였기 때문이다. 20세기 내내, 《국가와 혁명》의 인기는 대중행동의 상승과 하락에 따라 오르락내리락했다. 예를 들어 1974년 포르투갈 혁명 동안 리스본[포르투갈의 수도]의 한 신문이 '베스트셀러' 목록을 게재했다. 해럴드 로빈스의 소설 《카펫배거》가 8위였다.* 1위는 레닌의 《국가와 혁명》이었다.

러시아의 10월 혁명은 인류 역사 전체에서 가장 위대한 사건이었다. 이 혁명에서 볼셰비키가 이끈 소비에트는 의회보다 우월한 기구임을 증명하고, 정부를 해산하고, 레닌이 "사회주의적 질서"라고 부른 것을 수립했다.

10월 혁명으로 러시아는 엄청나게 변화했다. 이제 더는 소수가 제멋대로 사회를 통제하고 운영할 수 없게 됐다. 평범한 사람들도 사회에서 중책을 맡게 됐다. 마치 축제라도 열린 양 군중은 혁명에 환호했고 곳곳에서 인터내셔널가가 감동적으로 울려 퍼졌다. 그러나 혁명의 진정한 경이로움은 그 민주적 정신에 있었다. 착취적 사회에서는 무뎌지고 변질됐던 보통 사람들의 재능·능력·감성·자신감이 속박에서 풀려났다. 미국 언론인 존 리드는 운 좋게도 그해 10월에 러시아에 있었고, 혁명

---

* 미국에서만 800만 부가 넘게 팔린 베스트셀러다.

을 축하하며 《세계를 뒤흔든 열흘》을 썼다.

> 칼라일이* 말한 "프랑스의 연설 홍수"도 당시 러시아에 견주면 시냇물에 불과했다. 강연, 논쟁, 연설 등이 극장, 원형 광장, 학교, 술집, 소비에트 회의실, 조합 본부, 병영 … 에서 진행됐다. 전방의 참호, 마을의 광장, 공장에서 수많은 모임이 있었다. … 특히 푸틸로프 공장에서 노동자 4만 명이 일제히 쏟아져 나와 사회민주주의자,** 사회혁명당원, 아나키스트 등 누구든 할 말이 있는 모든 사람의 주장을 경청하는 모습은 정말 놀라웠다! 페트로그라드를 비롯한 러시아 전역에서 모든 길모퉁이는 몇 달 동안 대중 연단이었다. 기차와 전차를 비롯한 모든 곳에서 사람들은 즉석 논쟁을 벌였다.

10월 이후 수립된 "사회주의적 질서"는 민주적 낙원이 전혀 아니었다. 실수를 하고 그것을 교정하려다 또 다른 실수를 하는 일이 반복됐고, 상이한 세력들 사이의 관계가 불안정했으며, 관료주의적 일탈이 일어났다. 러시아 바깥의 자본주의 정부들은

---

* 토머스 칼라일(1795~1881). 1837년 저서 《프랑스 혁명사》로 명성을 얻은 역사학자이자 저술가.

** 당시 사회민주주의자는 볼셰비키와 멘셰비키를 아우르는 말이었다.

자국에서 혁명이 일어나는 것을 원하지 않았고, 즉각 러시아 혁명을 무력으로 파괴하는 일에 나섰다. 러시아 전선에 투입하는 군사력을 배가했고, (수백 년 동안 약탈해서 모은 '자기 재산'을 건방진 볼셰비키 놈들에게 몰수당한 것에 격분한) 러시아인 망명자들의 군대에 계속해서 자금을 댔다. '볼시Bolshie'라는 낱말이 다양한 언어들에 도입돼, 부모에게 복종하지 않는 삐딱한 아이를 묘사하는 데 쓰였다.

전쟁과 경제봉쇄 때문에 새 사회주의 공화국은 사회주의의 주요한 경제적 목표인 '풍족함'을 실현하지 못했다. 혁명 이후 몇 년 동안 기아와 궁핍이 만연했다. 생산이 제1차세계대전과 혁명 이전 수준의 절반 미만으로 급감했다. 그러나 초기 몇 년 동안 두드러진 특징은 새 사회가 살아남고 발전하고 스스로를 해방할 수 있었다는 것이다. 그럴 수 있었던 것은 모두 혁명을 일으킨 노동자들과, 자신들이 성취한 민주주의를 포기하지 않겠다는 그들의 결의 덕분이었다. 레닌은 다음과 같이 설명했다.

> 나는 오로지 그리고 배타적으로 노동자·병사·농민에게 기대를 걸었다. 그들은 식량 생산과 배급 증대, 병사들에 대한 보급 증대 등 현실적이고 어려운 문제에 관료와 경찰보다 잘 대처할 수 있다.

1918년 1월, 혁명 이후 처음 열린 전국 소비에트 대회에서는 다음과 같이 말했다.

> 노동자 통제를 도입할 때, 그것이 러시아 전역에 확산하기까지 시간이 좀 걸릴 것임을 알고 있었습니다. 그러나 우리는 '아래로부터 변화'라는 오직 하나의 길만 인정한다는 것을 보여 주기를 원했습니다. 우리는 노동자들이 스스로 아래로부터 새로운 경제원칙들을 만들어 내기를 바랐습니다.

혁명은 내전, 기근, 생산 부진으로 갈수록 궁지에 몰렸지만, 이처럼 아래로부터의 통제를 강조한 덕분에 즉각적 패배는 면했다. 희생이 필요하면 모두가 공평하게 나눴다. 가난한 사람들에게 우선권이 주어졌고 특권층은 재산을 몰수당했다. 전쟁이나 자연재해 때보다 훨씬 더 경이로운 일들이 벌어졌다. 새롭게 해방된 수많은 사람들은 그 사회를 자신들이 만든 자신들의 사회로 여겨 완강하게 방어했다. 문자 그대로 마지막 한 방울의 땀과 피까지 바칠 각오였다. 몸과 마음을 다해 러시아 혁명에 함께한 프랑스 사회주의자 빅토르 세르주는 다음과 같이 썼다.

> 이렇게 말할 수 없이 비참한 상황에서도, 공교육에 대한 엄청난 염원이 있었다. 온 나라에서 지식에 대한 갈망이 솟구쳐 새로운

학교, 성인 강좌, 대학, 노동자 교육 시설이 곳곳에 만들어졌다. 셀 수 없이 많은 신선한 계획이 세워져 미개척 분야의 학문을 가르칠 수 있는 길이 열렸다.

교육부 장관 루나차르스키는 굶주리고 추위에 떠는 수많은 노동자들에게 그리스 희곡에 대해 강연했다. 부자들의 사유재산을 몰수해 예술 작품이 풍성해진 미술관이 그럭저럭 운영돼, 그 전까지 미술관이라는 말도 들어 본 적 없던 수많은 사람들이 방문했다. 극장, 도서관, 발레단, 과학 연구소 등이 모두 추위와 어둠과 굶주림 속에서 힘겹게 운영됐다.

세계 최초의 여성 장관 알렉산드라 콜론타이가 이끈 새 사회복지부는 가장 가난한 사람들에게 먼저 복지 수당을 주는 새 제도를 시작했다. 세계 최초로 유급 출산휴가가 도입됐다. 일련의 혁명적 포고령으로 낙태와 이혼을 금지하던 낡은 악법들이 사라졌다. 처음으로 누구나 요청만 하면 자유롭고 안전하게 낙태를 할 수 있게 됐다.

새 사회는 민주주의를 지키려 애썼다. 소비에트에서 선거가 계속 시행됐고, 대표자들은 정말로 책임을 졌으며 소환될 수 있었다. 빅토르 세르주는 다음과 같이 썼다.

가장 위험한 몇 년 동안, 소비에트와 소비에트 중앙집행위원회에 좌파 사회혁명당(첫 9개월 동안 정부의 일부였다), 과격파 사회혁명당,* 아나키스트, 멘셰비키가 포함됐다. 심지어 새 권력에 일관되게 반대한 우파 사회혁명당도 포함됐다. 레닌은 논쟁을 두려워하기는커녕 전국 소비에트 집행위원회에서 축출됐던 마르토프와 단을 집행위원회에 참가시켜 토론할 방법을 강구했다. 레닌은 마르토프와 단의 무자비한 비판에서도 뭔가 배울 것이 있다고 생각했다.

적어도 내전에서 승리할 때까지는 멘셰비키의 정치 활동과 발언을 금지하자는 요구가 사방에서 제기됐지만, 멘셰비키는 새 사회에서 정치 활동에 계속 참여했다. 1920년 내내 멘셰비키는 모스크바에서 당 사무실과 회관을 운영했다. 그들은 심지어 1918년 여름 모스크바에서 일어난 파업을 이끌었다. 그리고 (소수이긴 했지만) 소비에트에서 의석을 차지해, 1920년에 모스크바에서 46석, 하리코프에서 250석, 야로슬라프에서 120석, 크레멘추크에서 78석 등 전국 여러 도시에서 의석을 획득했다. 새 사회의 민주주의는 자기 훈련의 일부였다.

러시아 혁명 이후 초기 몇 년의 가장 놀라운 특징은 노동자

---

* 1905년 혁명 때 정치인뿐 아니라 지주와 자본가도 암살하는 더 과격한 테러가 필요하다고 주장하며 사회혁명당에서 갈라져 나온 정당.

들이 헌신적으로 자신들의 새 사회를 운영했다는 점이다. 현대 자본주의 시대에는 일생 동안 한 번도 희생해 본 적 없는 부유하고 권력 있는 사람들이 텔레비전에 나와서, 자신들이 점심 한 끼에 쓰는 돈으로 1주일을 사는 대중에게 '국익'을 위해 희생하라고 간청한다. 대중이 더 열심히 일하고 허리띠를 졸라매야 나라가 산다고 말한다. 이런 말을 진지하게 여기는 노동자는 별로 없다. 희생을 요청하는 사람들이 그 희생을 나눠질 조짐은 없기 때문이다. 그러나 1918~1920년 러시아의 노동자들은 모두가 희생하고 있음을 알았을 뿐 아니라, 그 희생으로 자신들의 사회가 득을 얻는다고 느꼈다.

훗날 어린이 책을 써서 부와 명성을 얻은 영국 자유주의 언론인 아서 랜섬은 혁명 직후 러시아 곳곳을 돌아다니며 자신이 느낀 경이로움을 〈데일리 뉴스〉에 보도했다. 러시아에 관해 쓴 그의 책 두 권은 새 사회와 그 사회를 위한 노동자들의 헌신에 대한 감탄으로 가득하다.

랜섬은 야로슬라블에서 열린 회의 이후 저녁에 있었던 일을 묘사했다. 그와 볼셰비키 지도자 라데크는 철도 노동자들과 그 가족들이 주최한 연극에 초대됐고, 연극이 끝난 뒤 노동자들은 라데크에게 연설을 요청했다.

> 라데크는 철도 노동자 일반에 대한 직접적이고 맹렬한 비판으로

말을 시작했다. 일하고 더 일하라고 촉구했고, 그때까지 적군赤軍이 혁명의 선봉이었듯이 … 이제는 철도 노동자들이 그래야 한다고 말했다. … 라데크는 그들에게 듣기 좋은 말, 그들이 분명 원했을 국제 정세에 대한 흥미로운 스케치 대신에, 그 기회를 잡아 국내 실정을 있는 그대로 말했다. 그리고 놀라운 점은 그 얘기를 들은 노동자들이 기뻐 보였다는 것이다. 그들은 굉장히 집중해서 듣고, 강당 저 끝에서 들리는 누군가의 재채기가 그치기를 원하고, 라데크의 연설이 끝났을 때는 지붕이 날아갈 듯 환호했다. 단지 적당히 여가를 즐기러 모인 노동자 청중이, 연극 공연을 지체시키며 일을 해야 한다는 사실을 강하게 주장하는 외국인[카를 라데크는 폴란드 출신의 사회주의자다]을 이렇게 환대하는 것은 놀라웠다.

아서 랜섬은 러시아를 떠나기 직전 레닌을 인터뷰했다. 그는 레닌에게 날카로운 질문을 던졌다.

"농민이 실질적인 정치적 반대를 조직해 노동자를 압도하기 전에, 노동자가 경제를 충분히 회복시켜 농민의 요구를 충족해 줄 수 있을 것이라고 생각합니까?" 레닌은 웃으며 말했다. "만약 그 질문에 답할 수 있다면, 저는 모든 것에 답할 수 있을 겁니다. 그 질문에 대한 답이 모든 것을 좌우하기 때문이죠. 제 생각에 우리는 할 수 있습니다. 제 생각엔요. 그렇지만 단언할 순 없습니다."

사회주의 혁명이 농민의 반대에 압도당할 수 있다는 전망은, 레닌과 볼셰비키가 혁명 초기부터 정면으로 맞닥뜨린 문제였다. 레닌과 볼셰비키는 인구의 다수가 농민인 러시아 한 나라에만 고립돼서는 사회주의적 민주주의가 오래 유지될 수 없을 거라고 생각했다. 농민은 혁명에 열성적으로 동참했다. 혁명 덕분에 농민은 탐욕스러운 지주와 차르의 부호로부터 토지를 빼앗아 올 수 있었다. 그러나 농민은 협동과 민주주의에 기반한 사회주의 사회에는 관심이 없었다. 그들은 각자 경작할 수 있는 자기 소유의 땅을 원했다.

이 때문에 두 가지 혁명, 즉 사회주의적 민주주의를 위한 도시의 혁명과 소규모 토지 소유를 위한 농촌의 혁명이 동시에 일어났다. 레닌이 예측한 것처럼, 두 혁명은 거의 곧바로 서로 적대하기 시작했다. 러시아 인구에서 노동계급은 소수였기 때문에, 혁명이 러시아에 국한되면 사회주의적 민주주의는 실패할 수밖에 없었다.

레닌은 1919년 5월 교사 대회에서 이것을 간결하게 설명했다.

혁명 후에도 그렇고 혁명 전에도 우리는 이렇게 생각했습니다.

즉시 혹은 적어도 매우 빠르게 더 발전한 자본주의 나라들에서 혁명이 시작될 것입니다. 그러지 않는다면 우리는 파멸할 수밖에 없을 것입니다.

그러므로 레닌의 한결같은 전략은 러시아 혁명에서 영감과 자극을 받아 '더 발전한 나라들'(특히 독일)에서 혁명이 일어나도록 하는 것이었다. 그런 혁명이 일어나 러시아의 소규모 노동계급에게 생명과 지속성을 불어넣지 않는다면, 남은 선택지는 단순하고 불가피했다. "우리는 파멸할 수밖에 없을 것"이라는 전망 말이다. 따라서 레닌의 외교정책은 혁명을 다른 나라로 확산시키는 것이었다. 레닌과 볼셰비키는 독일·프랑스·영국·이탈리아 등지의 공산당 창당을 독려했다. [러시아 혁명 덕분에 제1차세계대전이 끝났지만] 강화조약의 조건은 러시아에 엄청나게 불리했다. 러시아 도시에서 일어난 혁명의 불꽃이 유럽에서 혁명의 모닥불로 타오를 수 있는지에 모든 것이 달려 있었다.

이 일은 일어나지 않았다. 독일 혁명은 1918년 전쟁의 끝자락에 시작해 1923년에 끝내 패배했다. 영국과 프랑스 노동자들은 의회주의적 길을 고수하려 했다. 이탈리아에서는 1920년에 공장점거 운동이 사용자들에게 패배했고, 사용자들은 (10년 후 독일처럼) 곧 파시즘에 의지했다.

러시아 혁명은 고립됐다. 혁명을 일으킨 노동계급은 전쟁과 기근으로 완전히 기진맥진했다. 300만 명에 달하던 러시아 성인 노동자 수는 1921년에 겨우 120만 명으로 줄어들었다. 많은 노동자가 먹을 것을 찾으러 도시를 떠날 수밖에 없었다. 사실상, 남아 있는 혁명적 노동자들은 국가기구 등에서 직책을 맡고 있는 노동자들뿐이었다. 여전히 볼셰비키가 통치하고 있었지만, 혁명의 본질인 '아래로부터 통제'를 유지할 볼셰비키 노동자들은 없었다. 불가피한 일이 꽤 빠르게 일어났다. 혁명이 파멸한 것이다.

낮이 밤으로 바뀌는 순간이 정확히 언제인지는 아무도 말할 수 없다. 그러나 모두가 낮과 밤을 구분할 수 있다. 지난 70년 동안 많은 사회주의자들은 러시아 혁명이 패배했다는 사실을 받아들이지 않았다. 그 이유는 반동 세력이 반혁명을 일으켜 러시아의 혁명정부를 타도하는 격변의 순간이 없었다는 것이다. 엄밀히 말하면 사실이다. 혁명이라는 황소가 도살당하는 결정적 순간은 없었다. 그러나 그 황소는 죽었다. 1930년대 러시아의 사회구조는 혁명으로 세워진 사회구조와 상당히 달랐다.

레닌은 1924년에 죽었다. 독일 혁명이 패배한 지 얼마 지나지 않아서였다. 그 무렵 공산당은 정치적으로 이질적인 존재로 가득 차게 됐다. 그들은 1917년의 자력 해방에서 영감을 받지 않은 사람들이었다. 그들은 공산당 서기장 스탈린에게 호감을 느끼고 그의 관점과 우선순위를 따랐다. 레닌은 스탈린의 편협함을 유언장에서 경고했었다. 스탈린과 그의 지지자들은 반대파를 용인하는 것을 '사치'로 여겼다(오히려 더 어렵던 시절에는 반대파가 용인되고 좋은 효과를 냈는데 말이다).

스탈린은 레닌의 시신을 미라로 만들어 그를 신격화하자고 주장했다. 이것은 레닌이 평생 견지한 모든 것을 터무니없이 모욕하는 일이었다. 레닌은 죽는 날까지 신이든 인간이든 무언가를 숭배하는 것에 반대했다(자기 자신은 말할 것도 없었다). 레닌의 시신을 미라로 만들자는 계획은 레닌의 아내와 레닌을 알고 사랑한 사람들의 격렬한 반대에 부딪혔다. 그러나 그 계획은 서기장의 목적에 부합했다.

얼마 지나지 않아, 스탈린은 [농촌에서 유입된] 새로운 공장노동자들과 급속히 성장하던 정치경찰의 지지를 받으며 당내 반대파를 제거하기 시작했다. 레닌 다음으로 위상이 높았던 혁명의 지도자 레온 트로츠키는 집요하게 괴롭힘과 모욕을 당했고 1927년에 추방당했다. 그의 추방은 혁명의 경제적 우선순위를 완전히 뒤집는 것으로 이어졌다.

혁명 직후에 이뤄진 경제적 노력은 대부분 반혁명군을 몰아내는 데 맞춰졌다. 그러나 새로운 사회에서 경제활동의 핵심이 노동자와 무산자에게 더 나은 사회를 만드는 것임을 의심하는 사람은 없었다. 예를 들면 투자의 목적은 노동자의 삶을 개선할 소비재를 생산하는 것이었다. 1928년에는 러시아 혁명이 끔찍한 궁핍을 겪었는데도, 생산된 재화의 60.5퍼센트가 '소비'재였다.

1928년에 시작한 스탈린의 5개년계획이 이 모든 것을 완전히 뒤바꿨다. 첫 두 번의 5개년계획은 소비재 생산을 거의 절반으로 줄였다. 우선순위는 부를 축적해 다음번 생산에 재투자하는 것이었다. 노동자들이 더 많이 생산하고 생산량이 엄청나게 증가할수록, 노동자들이 자신의 필요를 위해 받아 가는 몫은 적어졌고 산업투자, 탱크와 폭탄, 신흥 관료의 특혜를 위해 쓰이는 몫은 갈수록 늘어났다.

혁명으로 성취한 것들이 하나씩 사라졌다. 예를 들면 여성해방은, 새 규범을 이행하는 데 필요한 엄격히 통제되는 사회에 위협이 됐다. 이혼의 자유와 낙태의 자유가 폐지됐다. 대러시아 시절의 가족제도와 심지어 대러시아정교회가 다시 도입됐다.

그러나 새로운 스탈린주의적 목표에 가장 걸림돌이 된 것은 러시아 혁명 자체였다. 스탈린과 그 지지자들은 말로는 혁명을 찬양해야 했다. 오늘날 결코 혁명적이지 않은 프랑스 기득권층이 여전히 말로는 프랑스 혁명을 찬양하는 것과 마찬가지로 말이다. 그러나 혁명이라는 현실, 특히 집권 공산당에 혁명가들이 가득한 현실은 스탈린과 그 지지자들에게 위협적이었다.

스탈린과 그 지지자들은 10년이 넘게 혁명가들을 상대로 전쟁을 벌였다. 야만적 폭군이었던 이반 4세 정권에게서 빌려 온 집요한 잔혹성을 가지고 말이다.

반대파에 대한 스탈린의 증오는 미친 듯했다. 이탈리아 사회주의자 이냐치오 실로네는 1927년 5월에 모스크바에서 열린 코민테른 집행위원회 회의를 묘사했다. 실로네는 불법화된 이탈리아 공산당을 이끌고 잔혹한 파시스트 정부와 싸우고 있었다. 실로네와 그의 동료인 이탈리아 대표자 톨리아티는 회의에 늦었다. 그들이 도착했을 때, 코민테른 집행위원회 의장이자 독일 공산당 지도자인 텔만이, 코민테른의 중국 정책을 비판한 트로츠키의 글을 신경질적으로 비난하고 있었다(그 정책은 중국 공산당원들의 대량 학살로 이어졌다).*

실로네는 늦게 도착해, 비난당하고 있던 트로츠키의 글을 읽어 보지 못했다고 사과했다. 그러자 텔만이 말했다. "사실은 우리도 그 글을 보지 못했습니다." 실로네는 그 말을 믿을 수 없어서 통역사를 탓했다. 실로네는 읽어 보지도 않고 무언가를 판단할 수는 없다고 반복해서 말했다. 창문 옆에 서 있던 스탈

* 1925~1927년에 중국에서 노동자 혁명이 일어났다. 그러나 코민테른의 지시에 따라 중국 공산당은 부르주아 정당인 국민당에 스스로 종속됐고(제1차 국공합작), 1927년 4월 국민당 군대에게 학살당했다.

린이 부드럽게 말했다. 만약 만장일치가 아니면 [트로츠키의 글을 비판하는] 그 결의안을 제출할 수 없다고 말이다.

그날 저녁과 그다음 날까지도 이탈리아 대표자들은 결의안 거부 입장을 재고하라는 엄청난 압박을 받았다(명예롭게도 입장을 바꾸지 않았다). 그들은 '프티부르주아'라는 비난을 받았다. 그리고 텔만은 이탈리아 공산당원들의 기강이 이토록 해이해져 있는 것을 보니 이탈리아에 파시즘이 뿌리내린 것이 전혀 놀랍지 않다고 말했다.

이미 1927년에 스탈린 치하 러시아의 새 지배자들은 혁명적 전통을 표현하는 모든 것을 점점 더 난폭하게 공격하고 있었다. 회의장을 나선 이냐치오 실로네에게 한 이탈리아 공산당원이 다가왔다. 그는 파시스트의 박해를 피해 러시아로 피신한 사람이었다. 그는 러시아 공장에서 일하는 것을 자랑스러워했다. 실로네는 다음과 같이 썼다.

> 그는 어떤 종류의 물질적 결핍도 견딜 태세가 돼 있었다. 개인의 힘으로는 그 물질적 결핍을 해결할 수 없음이 명백했기 때문이다. 그러나 이해할 수 없는 게 있었다. 왜 노동자들이 공장 경영진에게 완전히 속수무책으로 당하는지, 왜 자신의 이익을 보호할 실질적 조직을 갖고 있지 않은지, 또 왜 이런 면에서 그들이 자본주의 나라의 노동자들보다 훨씬 더 열악한 처지에 있어야만

하는지를 말이다. 노동계급 권리에 관한 호언장담은 대부분 순전히 이론적인 것에 불과했다.

1927년 러시아에는 이런 질문을 던지는 노동자들이 여전히 많았다. 스탈린 정권은 그런 노동자들을 완전히 없애기 위해 온 힘을 다했다. 아래로부터의 사회주의를 입 밖에 내는 사람은 누구든, 작업장에서 매우 사소한 민주주의를 요구하더라도, 강제 노동 수용소로 끌려가거나 처형당했다.

혁명가들에 대한 이런 박해는 1930년대 내내 계속됐다. 1930년대 말에는 최초[1917년]의 공산당 중앙위원 중 단 한 사람만 살아남아 있었는데 스탈린 자신이었다. 레닌은 병으로 죽었다. 다른 중앙위원들은 모두 처형당하거나 살해당하거나 자살을 강요당했다. 볼셰비키 지도자들은 대부분 여론 조작용 정치재판[모스크바 재판]을 받은 후에 처형당했다. 재판 과정에서 그들은 자신들이 이끈 혁명에 대항하려 했음을 '자백'하라고 고문당하거나 회유당했다. 부하린·지노비예프·카메네프·라데크 모두 자백했고 총살당했다. 트로츠키는 멕시코에서 망명 생활을 하다가 스탈린이 보낸 자객에게 살해당했다.

영국의 사회주의자 작가 조지 오웰은 그 역겨운 과정 전체를 자신의 유명한 우화인 《동물 농장》에서 훌륭하게 풍자했다. 《동물 농장》에서 가장 끔찍한 장면은 끝까지 강하고 헌신적이고 혁명적이던 늙은 말 복서[프롤레타리아를 상징한다]가 도살장에 끌려가는 광경이다.

조지 오웰은 러시아 바깥세상의 사회주의자 작가들 중 예외적인 사람이었다. 《동물 농장》을 포함해 그의 유명한 책들 일부는 출판을 거부당했다. 출판업자들이 스탈린주의 러시아를 반대하는 오웰을 혐오했기 때문이다. 전 세계 사회주의자들의 압도 다수는 친자본주의자의 비난에 맞서 스탈린주의 러시아를 옹호하는 것을 자신의 의무로 여겼다. 몇몇은 '사회주의 조국'에서 생겨난 것이라면 아무리 흉물스러운 것도 지지할 태세가 돼 있었다. 다른 이들은 1930년대 말의 정치재판에 대해 불편함을 느끼면서도, 러시아를 '차악'으로서 방어할 태세가 돼 있었다.

그들은 거의 만장일치로 소련이* '사회주의'라는 규정을 받아들였다. 그들은 소련에는 노동자들이 생산한 가치를 강탈해 가는 증권거래소와 주주들이 없다는 사실을 거론했다. 또 소련 경제가 계획경제라고 주장했다. 그들에 따르면 사회주의란 사기업과 생산수단의 사적 소유가 없는 계획경제였다. 소련이

---

* 원문에는 '러시아'로 돼 있지만, 스탈린주의 러시아를 1928년 반혁명 이전의 러시아와 1991년 소연방 해체 이후 러시아와 구별하기 위해, 이하부터는 특별한 경우가 아니면 모두 '소련'으로 번역했다.

그랬으니 사회주의 국가라는 것이었다. 제2차세계대전과 1953년 스탈린의 사망을 거치는 거의 30년 동안 세계 곳곳의 가장 용감하고 투쟁적인 사회주의자들이 역사상 가장 반동적인 독재국가 가운데 하나를 지지했다.

어떻게 이런 일이 일어났을까? 바로 좌파들을 현혹한 이 사회주의 정의에는 사회주의의 가장 중요한 요소인 노동자 통제가 빠져 있었기 때문이다. 경제적 계획이라는 것만으로 사회주의 사회를 정의할 수는 없었다. 결정적 문제는 무엇을 위한 계획인지다.

스탈린 치하(와 그 이후) 소련의 계획은 오직 소련 경제를 강력하게 만들어 다른 경제들과 경쟁하기 위한 것이었다. 이를 위해 노동자들은 즉시 결정 과정에서 배제됐다. 사회는 아래로부터가 아니라 위로부터 통제됐다. 소련은 때때로 스스로 밝힌 것처럼 지령 경제였다. 명령권자는 아래로부터가 아니라 위로부터 임명됐다. 노멘클라투라라고 불린 그들은 주도면밀하게 선발된 공산당과 국가의 고위 관료였고, 지배계급의 (특권을 누리며 그) 기능을 수행했다. 그들은 전 세계 다른 나라의 지배계급과 마찬가지로 노동계급을 희생시켜 국부國富를 축적하기 위해 생산을 조직했다. 착취의 형태가 중요한 게 아니다. 소련의 지배자들이 보수로 주식을 받았는지, 사냥용 별장이나 여행 허가증, 고액의 월급, 하인을 제공받았는지도 전혀 중요하지 않다. 착취는 여전히 착취인 것이다.

소련은 전혀 사회주의 사회가 아니었다. 소련은 독재가 통치하는 국가자본주의 사회였고, 증권거래소를 기반으로 하는 세계의 다른 곳의 자본주의적 독재와 한 치도 다르지 않게 야만적이었다.

다른 나라 사회주의자들은 스탈린주의 소련을 지지하다가 자신도 모르는 사이에, 다른 나라 외교정책과 마찬가지로 교활하고 이기적인 소련 외교정책의 꼭두각시가 돼 버렸다. 1930년대 초, 이탈리아에서 이미 정권을 잡은 파시즘은 뒤이어 중부 유럽 전체를 위협하기 시작했다. 독일 좌파는 공산당과 사회민주당으로 거의 대등하게 양분돼 있었다. 만약 좌파가 단결했다면 지역사회에서 힘을 발휘해, 심지어 투표에서도 히틀러의 나치를 물리칠 수 있었을 것이다. 이런 위기 상황에서 공산당은 히틀러에 맞서 단결하자고 사회민주당 지도자들을 압박하는 캠페인을 벌였어야 했다.

그러나 스탈린의 분별없는 외교정책 때문에 독일 공산당의 주된 공격은 나치가 아니라 사회민주당을 향했다. 공산당은 사회민주당을 '사회파시즘'이라고 불렀다. 이런 활동은 노동계급 운동의 돌이킬 수 없는 분열을 낳았고 그 덕에 히틀러가 권력을 잡을 수 있었다. 그 후 사회민주당원과 공산당원은 마침내 한데 모였다. 바로 강제수용소와 가스실에서 말이다.

스탈린주의가 사람들의 정신을 약하게 만드는 병이었음은 1962년 소설가 도리스 레싱이 쓴 걸작 《황금 노트북》에 잘 묘사된다. 그녀의 소설에서 [영국의] 한 헌신적 공산당원이 소련에 다녀온 경험을 전한다. 그 공산당원은 호텔에 앉아 있다가 크렘린[소련 정부]에서 걸려 온 전화를 받았다. 스탈린 동지가 그를 보고 싶어 한다는 전화였다. 그는 흥분해서 스탈린을 알현하러 달려갔다. 평범한 옷을 입고 콧수염을 깔끔하게 다듬은 평범한 남성이 파이프를 문 채, 영국 노동운동의 발전에 대해 설명해 달라고 했다. 방문객은 황송함에 몸 둘 바를 몰라하며 아는 것을 모두 말했다. 스탈린 동지는 친절하고 호의적으로 몇 마디 조언을 하고는, 다시 일하러 가도 되겠냐고 물었다. ["그 영국 공산당원은 스탈린과의 만남을 눈물을 흘리며 기뻐했다. '죽을 때까지 이 눈물을 자랑스럽게 여'길 것이라며 말이다. 그리고 '우리 모두의 운명을 지키고 보호하기 위해 … 일하는, 세상에서 가장 위대한 인간'이라고 스탈린을 칭송했다."] 도리스 레싱이 확실히 옳게 서술했다. 1930년대와 1940년대에 소련을 방문한 공산당원들은 모두 이런 환상에 빠졌다.

여기서 비극은 무엇보다 그 모든 사람이 표방한 사회주의와 그들의 투쟁 정신이 어리석은 '사회주의 이상향 좇기'로 퇴보했다는 것이다. 그 속에서 사회주의의 정신, 즉 자력으로 해방된 노동계급의 활동과 통제력은 파이프 담배를 피우는 독재자로

(잘해야) 의인화되고 (최악으로는) 대체됐다.

이냐치오 실로네와 도리스 레싱 같은 몇몇 사회주의자들은 스탈린주의가 너무 역겨워서 공산당을 떠나 우경화했다(실로네는 사회민주주의 우파가 됐고 열정적이고 희망적이던 도리스 레싱의 소설은 신비주의적이고 반동적으로 변해 갔다).

전 세계 많은 공산당원에게 큰 충격을 준 첫 번째 일이 스탈린의 죽음 3년 후에 일어났다. 스탈린의 후계자 흐루쇼프가 스탈린 시대의 참상 일부를 고발한 것이다. 어떤 공산당원은 우경화하거나 정치에 냉담해졌고 매우 소수는 다른 사회주의 조직으로 옮겨 갔다. 그러나 흐루쇼프의 폭로에도 공산당은 살아남았다. 심지어 나중에 흐루쇼프가 쫓겨나고 스탈린 정권과 별반 다르지 않은 정권이 들어섰을 때도 그랬다.

1970년대가 되자 소련의 '위로부터 사회주의'를 지지하기 위해 동원됐던 사회주의자와 공산주의자의 핵심 주장은 궁색해지기 시작했다. 본래 그들의 주장은, 스탈린주의 소련에 일부 문제가 있더라도 소련의 경제성장은 대단하지 않으냐는 것이었다. 1928~1968년에 소련 경제는 엄청나게 성장했다. 1920년에는 겨우 100만 명으로 보잘것없던 노동계급이 6000만 명 이상의 산업 노동계급으로 변모했다. 소련은 군대를 육성해 스탈린그라드[전투]에서 히틀러의 군대를 물리쳤고, 심지어 미국보다 먼저 [인공위성] 스푸트니크 호를 발사했다.

이 모든 성과는 국가자본주의 '지령 경제'에 의해 달성됐다. 그러나 국가자본주의는 한계도 있다. 이 체제는 농업 사회를 강제로 대량 산업 생산 사회로 바꾸는 데는 탁월하다. 그러나 그 성공이 문제를 낳는다. 국가자본주의는 생산을 지시할 수 있고, 중공업에서 생산기준을 끊임없이 끌어올리며 그것을 달성하도록 노동자들을 괴롭히고 다그칠 수 있다. 그러나 더 선진적인 기술을 다뤄야 할 때, 숙련 노동자들을 설득하고 포섭해야 할 때, 생산물을 생산할 뿐 아니라 배분해야 할 때, 국가자본주의는 난항을 겪는다.

소련 경제는 오랫동안 휘청거렸다. 1970년대와 1980년대에 이 '사회주의 조국'은 더 비효율적이라던 자본주의 경쟁자, 미국에게서 곡물을 수입해 왔다. 당시 경제성장률은 1930년대와 1940년대보다 훨씬 낮았다. 계획경제 덕분에 소련이 자본주의 경쟁자들보다 항상 더 빠르게 성장할 것이라는 주장은 틀렸음이 입증됐다. 1975~1990년 무렵에 소련 경제는 거의 모든 분야에서 미국에 뒤처졌다. 하물며 더 급속히 성장한 독일이나 일본과 비교하면 훨씬 뒤처졌다.

이처럼 국가자본주의 경제를 옹호하던 핵심 주장이 틀렸음이 드러났고, 그 때문에 1980년대 말 소련에서는 '재고再考'와 '개혁'이 화두가 됐다. 소련 국가자본주의가 서방과 성공적으로 경쟁하려면 중앙 통제를 완화하고 소련 경제를 세계시장에 개

방해야 할 터였다. '지령' 경제를 '수요' 경제로 대체해야 했다. 노동자들을 괴롭히기보다는 잘 구슬려 포섭해야 했다. 관료의 특권은 기업가의 특권으로 대체해야 했다.

그러려면 낡고 부패한 소련의 관료제를 뒤흔드는 엄청난 개혁이 필요했다. 페레스트로이카(소련을 경쟁력 있게 만들기 위한 경제 개혁)가 성공하려면, 약간의 글라스노스트(토론과 논쟁의 자유)가 필요했다.

이런 반反관료주의를 실행하기 시작한 사람은, 브레즈네프·안드로포프·체르넨코 같은 보수파에게 단 한 번도 반대하지 않으면서 공산당의 출세 사다리를 착실하게 오른 관료, 미하일 고르바초프였다. 그는 그 전까지 특별히 한 일이 없었는데 그것이 그가 매우 잘한 일이었다. 그는 솔직하고 매력적인 태도를 보였고 선전 활동이 중요하다는 것을 이해했고 옷을 잘 입을 뿐이었다.

곧 전 세계의 수없이 많은 옛 스탈린주의자가 이 새 반反스탈린주의 개혁가와 사랑에 빠졌다. '사회주의 조국' 소련에 대한 이들의 애착은 이 "활기찬 평화의 사도"라는 개인을 통해 되살아났다. '사회주의 소련'을 정말로 세계적 의제로 만들고, 자신에게 동의하지 않는 사람들을 처형하지 않고, 거의 혼자 힘으로 '위로부터 혁명'을 가져올 남자가 여기에 있다는 것이었다.

전 세계의 스탈린주의자들은 오랫동안 위를 바라보느라 목이 뻣뻣해지고 시야가 좁아졌다. 만약 잠시라도 시선을 아래로 돌려 소련 노동계급이 들썩이며 투쟁하는 것을 봤다면, 깊은 불만과 착취, 비위생적 환경, 배고픔, 부글거리는 분노를 볼 수 있었을 것이다. 이 모든 것은 고르바초프 같은 '개혁가'들이 다국적기업의 표준[평균적 생산 조건]을 국가자본주의적 기업에 적용하려 애쓰는 동안 더 악화했다. 이 떠들썩한 변화에서 소련 노동자들이 얻은 것은 아무것도 없었다. 정말이지, 오히려 시장이라는 '약'은 국가자본주의라는 병보다 훨씬 더 나빴다.

거대한 소련 노동계급이 싸우기 시작했다. 1989년, 혁명 이후 처음으로 시베리아와 우크라이나의 탄전이 파업으로 마비됐다. 고르바초프는 최고 소비에트 회의에서 다음과 같이 말했다.

> 이것은 아마도 구조조정 4년 동안 우리 나라에 닥친 시련 중 최악일 것입니다. 체르노빌[핵 발전소 사고]이 있었고 그 밖에 많은 불행이 있었습니다. 그럼에도 저는 이것을 가장 심각한 어려움으로 지목하고 있는 것입니다.

소련 국가자본주의 기구를 구성하는 무능하고 부패한 관료들을 몰아내려는 고르바초프의 계획은 꽤 힘든 일이었다. 관료들은 특권을 지키려고 필사적으로 싸우고 그 과정에서 서로 폭로하고 고발할 것이기 때문이었다. 그러나 마침내 행동에 나선(심지어 끔찍하게도 아래로부터의 사회주의에 대한 주장을 읽고 들으며 투쟁하는) 거대한 소련 노동계급을 진압하는 것은 훨씬 더 심각한 일이었다.

고르바초프는 한발 물러서서, 광원들에게 작은 비누라는* 사치를 허용했고 과도한 페레스트로이카를 약간 자제했다. 그는 1985년과 1986년에 단호하고 자신감 있는 개혁가로 등장했지만, 1989년의 대부분과 1990년 내내, 후퇴했다가 조심스레 다시 전진하기를 반복하며 시간을 허비했다. 한 분야에서 경제 개혁을 실행하자마자 다른 분야에서는 같은 개혁을 실행하기를 거부했다. 최고 소비에트 회의에서 '개혁파'를 편드는 것 같더니 곧바로 비난했다. 그의 정치 생활과 경험은 모두 '위로부터' 이뤄졌고 그는 그것을 유지할 작정이다. 사기업 자본주의를 국가자본주의에 접목하는 것은 어려운 일인데, 고르바초프는 자신이 대표하는 계급의 경제 권력을 유지하면서 그 일을 해내려 한다(나머지 사람들이 어떤 대가를 치르든지 간에 말이다).

1985년과 1986년에 고르바초프를 아주 좋아했던 소련 노

---

* 1989년 시베리아 광원 파업의 가장 주된 요구 하나가 막장일이 끝난 뒤에 몸을 씻을 비누를 제공하라는 것이었다.

동자들과 개혁파는 이제[이 책이 쓰인 1990년] 그를 혐오한다. 전 세계 공산당들은 신기루 같은 개혁에 극도의 혼란을 겪고 번번이 현실에서 반박당하자 연기처럼 사라졌다. 소련이 사회주의 조국이라는 60년 된 신화는 명백하게 그 본질이 드러났다.

앞으로가 훨씬 더 중요하다. 소련 노동계급은 움직이기 시작했고, 동유럽 노동계급은 1989년의 대단한 6개월 동안, 위로부터의 사회주의라는 가면을 쓰고 있던 6개의 국가자본주의 독재 정권을 타도하는 데 일조했다. 이들은 완전히 다른 미래를 위한 길을 닦기 시작했다. 바로 아래로부터의 사회주의라는 길이다.

3장 — 휘청거리는 권좌

[지금까지 일어난 일은 — 지은이] 모두 … 시작일 뿐이다. 우리 나라에서 인간의 해방을 방해하는 체제는 말이 아니라 행동으로만 폐지할 수 있고, 진정한 종류의 혁명적 부정否定은 단순히 인물만 바꾼다고 얻을 수 있는 것이 아니다. 혁명적 부정이 아니라면 휘청거리는 권좌는 결국 살아남을 것이고 거기에서 새 과두적 관료가 생겨나 우리 모두에게 통제력을 행사할 것이다.

— K 바르토셰크,

"체코슬로바키아 노동자들에게 보내는 공개서한", 1968

동유럽 국가들이 흔히 사회주의라고 알려졌지만 이 사회주의는 그곳 노동자들의 행동이 아니라 종이쪽지 한 장에서 비롯한 것이다.

제2차세계대전의 승자들이 전리품 배분을 논하던 때, 영국 총리 윈스턴 처칠은 소련의 독재자 스탈린에게 동유럽의 미래에 관한 몇몇 제안을 손으로 휘갈겨 써서 전달했다. 처칠의 계획은 기본적으로 영국에게 그리스 공산당을 '처분'할 권리를 주면 소련은 불가리아·루마니아·헝가리에서 제 마음대로 할 수 있게 한다는 것이었다.

스탈린은 이 계획에 기뻐하며 종이쪽지에 힘차게 체크 표시를 하고는, 처칠에게 이 종이쪽지를 위대한 외교의 기념물로 간직하라고 했다. 스탈린은 이미 동독과 폴란드를 통제하고 있었는데, 폴란드의 수도 바르샤바는 소련군이 [폴란드 레지스탕스의 봉기가 진압되도록] 방관하는 동안 나치에 의해 거의 다 파괴됐다. 스탈린은 곧 체코슬로바키아도 통제했다. 스탈린과 그의 군대는 별 어려움 없이 6개의 새 위성국가에 '사회주의'를 세우기 시작했다. 그 6개 나라의 인구는 약 1억 명이었다. 이곳에 '사회주의'를 전달한 방식은 그가 소련에서 사회주의를 세운 방식과 똑같았다. 잔혹한 폭력을 통해서였다.

동유럽 노동계급 중에는 나치 점령이라는 긴 밤이 끝나고 이제 사회주의라는 새벽이 오리라고 달콤한 꿈을 꾼 사람도 있었을 테지만 그들의 환상은 이내 깨져 버렸다. 예를 들어, 1944년 불가리아에서는 해방된 노동자들이 자신들의 평의회를 세우고, 파시스트를 체포해 재판하는 조사 위원회를 선출하고, 경찰력을 해체했다. 이 일에 경악하고 격분한 소련 외무부 장관 몰로토프는 불가리아 정부 대표단을 만난 뒤 다음과 같은 선언문을 발표했다.

> 어떤 공산당원들이 지금의 행위를 계속한다면 우리가 그들에게 이성을 되찾게 해 줄 것이다. 불가리아는 기존의 민주적 정부와 질서를 유지할 것이다. … 쿠데타 이전의 유능한 장교들을 그대로 둬야 한다. 다양한 이유로 해산시킨 장교들을 모두 복귀시켜야 한다.

불가리아 군대는 트라키아나 마케도니아 같은 해방된 지역에서 승리를 맛보고 있었고, 심지어 병사 평의회를 선출하고 군기軍旗 대신 적기赤旗를 게양했다. 소련의 후원을 받는 새 전쟁부 장관은 이런 일들을 호되게 꾸짖었다. 그의 명령은 이랬다. "즉시 정상적 규율로 돌아가 병사 평의회를 폐지하고 더는 적기를 게양하지 말라."

이런 초기의 열정이 사라지자, 소련 정부는 가난에 시달리던 이 농업국가들을 산업국가로 바꾸기 시작했다. 소련은 그 나라들의 연립정부에 자신의 꼭두각시를 심어 이 일에 착수했는데 그 연립정부에는 나치의 점령을 지지한 정치인들도 포함됐다.

예를 들어 1945년 3월 스탈린의 후원으로 세워진 루마니아 정부의 문화부 장관 미하이 랄레아는 히틀러를 열렬히 칭송한 인물이었다. 다른 장관들도 적어도 4명은 파시스트 조직인 철위단 지지자였는데 철위단은 나치 군대의 점령을 환영한 조직이다. 스탈린그라드[전투]에서 루마니아 군대의 지휘를 맡아 소련 군대에 대항해 싸운 인물이 이제는 승진해서 루마니아군의 참모부장이 됐다.

소련은 동유럽 정부들을 완전히 자신의 손아귀에 넣기도 전에 그 나라들의 군대와 보안 기관을 확실히 장악했다. 동독에서 소련은 히틀러의 정보기관을 거의 그대로 물려받아 운영했다. 헝가리 공산당은 국가안보국을 세웠는데 강경 스탈린주의자였던 헝가리 공산당 지도자 라코시는 이렇게 말했다. "우리는 이 기구를 설립한 첫날부터 우리의 손아귀에 뒀다."

스탈린주의자들은 나치 치하에서 노동자들을 박해하던 국가기구를 차지한 후에 정부를 장악하기 시작했다. 여기에는 당면한 두 가지 문제가 있었다.

첫째, 공산당은 너무 작아서 대중의 지지를 받는 시늉조차 하기가 어려웠다. 루마니아 공산당 당원은 1944년 중반에 1000여 명밖에 되지 않았다. 1년 3개월 뒤에는 80만 명으로 확 성장했다. 폴란드 공산당은 1945년 1월에 3만 명이었는데 4월에 30만 명이 됐다. 체코슬로바키아 공산당은 2만 7000명이었는데 1946년 초에 115만 9164명 규모의 대중조직으로 성장했다. 이 노동자들이 모두 자발적으로 혁명의 적기 아래로 모인 것일까? 아니다. 신입 당원들은 (기존 당원들과 달리) 출세와 특혜를 동경해 몰려든 소수의 사회 엘리트였고, 공산당의 국가자본주의적 강령만이 자국(과 자신들)을 구태에서 벗어나게 할 유일한 길이라 여겼다.

둘째 문제는 몇몇 나라에 공산당보다 노동자들의 지지를 훨씬 더 많이 받으며 활발히 활동하는 사회민주주의 정당이 있었다는 점이다. 헝가리와 폴란드는 사회당이 공산당보다 더 강력했다. 두 나라에서 이 문제는 두 정당의 강제 합병으로 해결됐다. 이에 반대한 폴란드 사회당 당원 8만 2000여 명이 축출됐다. 그중 한 명인 폴란드 노총 사무총장 아담 쿠리워비치는 소책자를 써서 공산당이 공장에서 자행하는 공포 통치를 비판했다.

> 그들은 공장노동자들의 의견을 배제한 채 노동자를 마음대로 고용하고 해고한다. 노동자들이 성취한 사회적 권리인 법을 무시한다. 사리사욕만 챙기는 정치 파벌이 형성되고 있다. 이 새로운 고위 관료들은 당원증이 기술 자격증보다 더 중요하다는 것을 발견했다.

아담 쿠리워비치는 그 뒤 44년 동안 동유럽 노동계급 전체가 쓰디쓴 경험으로 알게 된 것을 일찍 알아봤다. 소련 정부가 6개 나라에서 모두 자신의 형상을 본뜬 관료, 즉 지배계급의 구실을 하는 관료를 만들고 있었다는 점 말이다.

스탈린과 그의 심복들이 소련에서 사용한 것과 정확히 똑같은 방식을 동유럽 위성국가의 관료들도 사용했다. 민주주의는 흔적도 없이 사라졌다. 체코슬로바키아 등 몇몇 나라에서 전후에 설립됐던 노동자 위원회가 빠르게 해체돼 1인 경영 체제로 대체됐다. 매우 무자비한 규율이 노동자들에게 부과됐다. 동유럽 노동자 중 적어도 50만 명이 '불평분자'로 몰려 강제 노동 수용소로 끌려갔다.

스탈린의 주기적 숙청 때문에 정치인들, 특히 러시아 혁명의 영향을 받아 공산당원이 된 정치인들은 아무도 무사하지 못했다. 그중 가장 야만적인 것은, 체코 공산당 서기장 슬란스키 등 몇몇 지도적 당원들이 해당害黨 행위를 했다고 자백한 뒤 사형을 선고받은 일이었다. 1930년대 모스크바 정치재판에서 자행된 흉측한 심문 과정과 완전히 똑같았다. 지하활동을 했던 고참 공산당원들이 사실상 모두 사라졌다. 1953년 체코슬라바키아 공산당원 중 제2차세계대전 이전에 가입한 사람은 고작 1.5퍼센트였다(인구 비례로 따지면 전쟁 이전 동유럽에서 단연 가장 큰 공산당이었는데도 말이다).

1917년 이후 혁명적 공산주의자에게 영감을 준 국제주의는 사납고 신경질적인 민족주의로 대체됐다. 중세 시대부터 동유럽 전역에 피를 뿌린 온갖 미신과 앙갚음이 되살아났다. 체코슬로바키아 수데텐란트 지역에 살던 독일인은 평화적이고 본래 사회민주주의 성향의 사람들이었는데, 새 공산당 정부가 조직한 체계적 박해와 인종 청소를 여러 차례 당했다. 공산당이라는 당명은 카를 마르크스와 프리드리히 엥겔스(둘 다 독일인)의 저작에서 따온 것인데, 체코 공산당 소속의 교육부 장관은 1945년 3월 29일 이렇게 선언했다. "우리는 진보적 독일인을 알지 못한다. 그런 독일인은 없다."

이와 같은 방식으로 체코슬로바키아는 헝가리를, 헝가리는 루마니아를 적대하게 됐다. 새 '공산주의' 통치자 중 국수주의적이지 않거나 인종차별적이지 않은 인물이 없었다.

온갖 장애물이 소련의 국가자본주의적 위성국가들의 경제성장을 가로막았다. 소련은 이 모든 국가를 약탈했다. 루마니아 연간 총생산물의 84퍼센트를 '전쟁배상금'으로 가져갔다. '배상금' 약탈 뒤로 무역 약탈이 이어졌다. 무역조건이 전반적으로 고정돼 있어서 위성국가들은 소련에 싸게 팔고 비싸게 사갔다.

그럼에도 소련과 거의 같은 패턴의 국가자본주의적 발전이 위성국가에서도 나타났다. 폭력과 공포 속에서 경제가 성장했다. 낙후한 농업국가들이 강력한 공업국가로 변모했다. 예를 들어, 전쟁 전에는 압도적으로 농업국가였던 폴란드가 1970년대에는 세계 10위 공업국가가 됐다(군사비 지출도 세계 8위였다). 6개 나라 모두 전쟁 전에는 노동인구의 단 14퍼센트만 임금노동자였다. 1980년에 이 수치는 60퍼센트로 껑충 뛰어올랐다. 동유럽 국가자본주의 나라들의 초기 경제성장 속도는 서유럽의 어느 나라보다도 빠르거나 그와 비슷했다.

그러나 소련과 마찬가지로 초기의 급격한 성장 이후 국가자본주의 경제는 활력을 잃어버리기 시작했다. 때로는 심지어 여러 산업부문에서 성장률이 급격히 요동쳐, 노동자들 사이에서 분노가 커졌다. 이제 노동자들은 [정치적] 권리 박탈과 괴롭힘에 대한 분노에 더해 경제적 불만도 느꼈다. 소련보다 훨씬 더 크고 빠르게 성장한 분노는 공공연한 반란으로 바뀌었다.

1953년 6월, 동독 건설 노동자들이 말도 안 되는 작업 기준량 강요에 항의해 벌인 시위가 노동계급의 대중 반란을 점화했다. 이 반란은 급파된 소련군 2만 5000명에게 진압됐다. 반란이 진압된 뒤에야 서독 정부는 이 반란이 서방을 지지하기 위해 일어난 것인 양 떠들었다. 반란이 한창일 때는 운동과 거리를 두며 동독인들에게 "위험한 행동"에 일절 참가하지 말라고 경고했으면서 말이다. 동독의 반란을 주도한 것은 과거에 히틀러의 파시즘에 맞서 싸운 오랜 공산당원들이었다. 그들 중 많은 사람들이 반란이 진압된 이후 동독의 집권 공산당[사회주의 통일당]에서 숙청됐다.

1956년 헝가리에서는 폴란드의 노동자 파업과 반정부 지식인의 저항에 연대하려는 학생 시위가 일어나, 이내 전면적 혁명으로 발전했다. 거의 즉시 새로운 형태의 권력이 (겉보기에는 자연 발생적으로) 또다시 생겨나, 헝가리 지배자들과 소련에 있는 그들의 주인을 괴롭혔다. 작업장에는 노동자 평의회가 세워졌고 지역사회에서는 혁명적 평의회가 선출됐다. 이 평의회들은 행정 권력으로 변모했고 기존 정부보다 훨씬 더 강력하고 공정하고 대표성이 있었다. 영국 공산당 기관지 〈데일리 워커〉의 헝가리 통신원 피터 프라이어는 죄르 지역의 혁명적 평의회에 대해 다음과 같이 보도했다.

> 이제 헝가리 전역으로 뻗어 나간 네트워크인 이 위원회들은 자발적 생성, 구성, 책임성, 식량 배급과 질서 유지의 효율적 조직, 일부 난폭한 청년들을 절제시키는 능력, 소련군 문제에 대한 슬기로운 대처, 특히 러시아에서 1905년과 1917년 2월 혁명 당시에 급속히 생겨난 노동자·농민·병사 평의회와의 두드러진 유사성 등 모든 면에서, 놀라운 통일성을 보여 줬다. 위원회는 봉기의 기관(공장·대학·광산·군대에서 선출된 대표자들의 집합체)이자 무장한 민중이 신뢰하는 대중의 자치기관이었다. … 혁명은 평범

한 사람들을 전진시키고, 그들의 시민적 자긍심과 잠재적 조직 능력을 일깨우고, 관료제를 무너뜨리고 그 위에 민주주의를 세우는 활동을 하도록 만들었다.

당시 헝가리에는 1905년과 1917년의 '아래로부터 사회주의'라는 유령이 나타나 흐루쇼프가 이끄는 소련의 '개혁파' 지배자들을 두려움에 빠뜨렸다. 예전에 스탈린을 두려움에 빠뜨린 것과 꼭 마찬가지로 말이다. 소련 정부는 그들이 아는 유일한 방식으로 행동했다. 헝가리 혁명은 소련 탱크를 앞세운 엄청난 규모의 원정군에게 분쇄됐다. 혁명적 평의회는 소련군에 맞서 며칠 동안 장엄하고 굳건한 총파업으로 저항할 수 있었다.

아주 잠깐 [진정한] 사회주의가 살아 숨 쉬었다. 헝가리 혁명은 노동계급의 힘과 능력이 국가자본주의 독재와 완전히 다르고 철저히 반대되는 것임을 세계에 보여 줬다. 국가자본주의 독재는 사회주의의 이름으로 사회주의를 목 졸라 죽였다.

반란이 일어난 다음 나라는 소련 제국의 최고 전리품 체코슬로바키아였다. 체코슬로바키아는 작은 나라였지만 노동계급 규모가 비교적 컸고 공업이 발달했으며 국가자본주의 정권이 들어선 초기 몇 년 동안은 경제가 성장했다. 그러나 1960년대 초, 성장이 갑자기 정체하다가 멈춰 섰다. 1963년에는 생산이 사실상 줄었다. 경제 위기는 집권 공산당의 자신감을 떨어뜨렸다. 언론인과 지식인이 자신의 생각을 말하고 스탈린주의적 정설에 이의를 제기하기 시작했다. 일부가 투옥되거나 박해당했지만 압력은 계속 이어졌다. 1967년, 완고한 스탈린주의자 노보트니가 체코 공산당의 서기장 자리에서 밀려나고 거의 알려지지 않은 슬로바키아인 알렉산데르 둡체크가 그 자리를 차지했다.

'프라하의 봄'이* 찾아왔다. 체코인들은 모두 잠시나마 희망에 들떴다. 한 지식인 그룹은 새로운 새벽을 꿈꾸며 "2000 단어 선언"을 작성했다. 그때도 지금도 흔히 둡체크가 스스로 이 운동을 이끌고 그 열망을 대변했다고들 여긴다. 사실 둡체크는 흐루쇼프와 고르바초프처럼 공산당 기구 내에서 성장한 충실한 공산당원이었다. 둡체크가 이 운동에 올라탄 것은 달리 운동을 저지할 방법이 없었기 때문이다. 또다시 소련군이 개입하는 수밖에 없었다.

1968년 8월 소련의 대대적 침공이 벌어진 이후 중간계급의 저항은 줄어들었다. 그러나 공장에서는 연달아 대중 파업이 일어나고 노동자 평의회가 선출됐다. 체코의 노동자 평의회는 헝가리에서와 달리 권력기관으로 발전하지는 않았다. 그보

---

* 1968년 체코슬로바키아 민중이 국가자본주의 체제에 맞서 저항을 벌여 일시적으로 정치적 자유화가 이뤄진 시기를 말한다.

다는 정부에 대한 대중의 요구를 표현하는 구실을 했다(소련 침공 이후 거의 1년 동안 여전히 둡체크가 정부에 포함돼 있었다). 이런 평의회와 항의 운동 일반이 지닌 약점을 알아본 사람들이 있었다. K 바르토셰크는 반정부 성향의 주간지 〈레포르테르〉에 다음과 같이 썼다.

> 우리의 조건을 바꾸기 시작할 수 있는 행동은 노동자 자치기관의 선출과 활동이다. 그 기관 안에서 우리는 함께, 우리에게 속한 것을 스스로 관리할 수 있다. … 공장 안의 민주주의 없이는 민주적 사회라는 것을 말할 수 없다.

평의회는 선출된 기구였고, 소련의 새 꼭두각시 정부에 맞서 수개월 동안 실질적으로 대항한 유일한 세력이었다. 그러나 평의회는 권력기관이 아니었고, 둡체크가 제거되고 국가자본주의적 통치가 점진적으로 회복된 뒤에 이어진 반동 속에서 시들어 죽어 갔다.

노동자 평의회는 나중에 다른 형태로 다시 나타났다. 1989년의 격변 이전, 마지막으로 동유럽 국가자본주의 국가들을 괴롭힌 거대한 폭발 때였다. 폴란드 정부는 굶주리고 분노한 사람들 때문에 자주 골치를 앓았다. 1956년과 1970년 식량 가격 상승에 항의하는 폭동·시위·파업이 광범하게 일어났다.

특히 1980년에는 육류 가격 상승 때문에 파업이 일어났고, 이는 대중적 노동조합 솔리다르노시치[연대노조]의 결성으로 이어졌다.

서구 선진국의 노동조합은 대부분 길고 조심스럽고 신중한 발전 과정을 통해 형성됐다. [그러나] 폴란드에서는 1980년 여름의 대중 파업 이후 직종이나 소속을 가리지 않고 노동자 1000만 명을 포괄한 단일 노조가 생겨났다. 이는 당시 폴란드 전체 노동인구의 80퍼센트에 해당하는 수치였다. 전 세계에서 가장 높은 노조 조직률이었다.

이 굉장한 성공의 비밀은 노동자들이 투쟁 속에서 발전시킨 조직 형태에 있었다. 이것은 투박하게 '기업연계파업위원회'라고 불렸다. 이것은 1917년 러시아, 1956년 헝가리, 1968년 체코슬로바키아 그리고 파시스트 40년 지배를 마침내 끝낸 1974~1975년 포르투갈에서 매우 중요했던 소비에트, 노동자 평의회, 노동자 위원회의 또 다른 사례였다.

이 조직들은 뚜렷한 공통점이 있었다. 정치적·경제적 요구를 위한 투쟁에서 나타난 용기, 기층 노동자들 사이에서 형성된 책임성과 규율(파업 중인 공장 문 앞에서 술을 압수해 술병을 깨 버렸다), 무엇보다 낡은 체제에 맞서는 투쟁 속에서 싹튼 새 사회의 맹아가 그것이다. 솔리다르노시치는 그 이름에 걸맞은 것을 대변했다. 협동, 평등, 빈곤층에 대한 배려, 착취자에 대한 경멸 등 말이다. 솔리다르노시치가 생겨나는 투쟁의 과정에서 꽤나 다른 사회, 곧 사회주의 사회를 운영할 수 있는 기관이 또다시 창출됐다. 이 조직 역시 사회주의의 정신, 즉 자력 해방과 노동자 민주주의에서 영감을 받은 것이었다.

그 반대편에는 이름만 사회주의이고 사실은 반反사회주의인 기존 정권이 있었다. 대립하는 두 세력은 하나가 다른 하나를 분쇄하거나 아니면 분쇄당할 수밖에 없었다. 솔리다르노시치는 자신을 결코 노동조합(당국과 협상하는 기구) 이상으로는 보지 않았으므로 결정타를 날리지 못했다. 소련의 전폭적 지원을 등에 업은 폴란드 정권이 망나니의 칼을 휘두르고 말았다. 1981년 크리스마스 직전, 철저히 계획된 비밀경찰의 습격을 연거푸 받아, 솔라다르노시치는 파괴되고 지도자들은 체포되고 산하 위원회들은 해산됐다. 솔리다르노시치가 폴란드의 피억압 민중에게 제시했던 모든 희망이 영원히 사라지는 듯했다.

폴란드 항쟁이 분쇄된 이후, 동유럽 정권들은 잠시 옛 질서를 회복했다. 전 세계 공산당원들은 비록 염증을 느끼면서도 여전히 충직하게 동유럽 정권들을 "사회주의 국가"라고 불렀다.

좀 더 통찰력 있는 사회주의자들은 다른 설명을 찾으려 했다. 그들은 동유럽 국가들을 '퇴보한 노동자 국가'라고 부르거나 단순하게 '관료 체제'라고 불렀다. 이는 [관료를 하나의 계급으로 보지 않는다는 점에서] 계급적 관점으로 정의하기를 거부하는 규정이었다. 그러나 사실 동유럽 사회 상층에 있는 자들의 핵심 특징은 그들이 노동자와 농민을 착취하고 점점 더 큰 혼돈과 부패에 빠져드는 지배계급이라는 점이었다.

루마니아의 니콜라에 차우셰스쿠 정권은 잠깐 서방의 환대를 받았다. 이른바, 소련이라는 주인에게 대들었다는 이유에서였다. 그러나 차우셰스쿠 정권은 대중을 착취하는 독재 정권이었다. 차우셰스쿠는 자신과 가족, 측근들의 부를 축적하는 데 온 힘을 다했다. 그의 정부와 비밀경찰이 이미 빈곤할 대로 빈곤한 루마니아 노동자와 농민을 쥐어짜 마련한 잉여생산물로부터 말이다. 그의 명령으로 8만 명이 강제로 이주해야 했고 그 자리에는 유럽 전체에서 가장 기괴하고 호화로운 궁전이 지어졌다. 이 궁전은 이 독재자의 별장이었을 뿐이다! 차우셰스쿠는 고아들 중에서 자신의 비밀경찰 요원을 선발해 자신과 아내를 아버지와 어머니로 여기도록 했다. 그는 비밀경찰들에게 온갖 특혜를 나눠 줬다(그들은 산업계 경영자보다 훨씬 더 잘 먹고 잘 입었다). 그는 거짓 통계를 발표해 루마니아 경제가 계속 성장하는 듯 보이게 했고 심지어 [공공건물의 난방을 하지 않으려고] 일기예보도 조작했다. (1980년대 초에 일어난 광원 파업 같은) 노동자 저항은 정말로 간담을 서늘케 하는 탄압으로 박살 냈다.

루마니아에서 차우셰스쿠가 한 일은 동독의 호네커, 체코슬로바키아의 후사크, 불가리아의 지프코프가 한 일의 좀 더 극악무도한 복사판일 뿐이었다. 그런데도 세계 곳곳의 사회주의자들은 공적 소유와 '계획'이라는 낡은 공식에 속아 넘어갔고, 동유럽 정권이 서방 정권보다 어쨌든 '낫다'거나 '더 노동계급적'이라고 강변했다.

이런 주장은 동유럽의 피억압 민중에게는 거의 먹히지 않았다. 오히려 탄압과 부패가 심해질수록, 사회주의라는 개념 자체가 동유럽 정권들의 속성으로 여겨져 극도의 혐오 대상이 됐다.

동유럽 사회 상층의 지배계급은 점점 더 서방의 자본주의 나라와 교역·경쟁을 해야 한다는 압박을 받으며 '시장 사회주의' 이론을 발달시켰다. 그들은 경제적 결정이 시장에 의해 내려지는 '사회주의' 사회를 얘기했다. 시장의 지도를 받는 사회주의 체제라는 개념의 황당무계함이 점점 더 분명해지면서 '사회주의'라는 단어가 이 공식에서 조용히 빠졌다. 즉, '시장 사회주의'는 그저 '시장'이 돼 버렸다. 동유럽 지배계급은 시장 자본주의의 '단일한 규율'을 동경했다. 국가자본주의의 제약이 사라져 어떤 속박도 받지 않는 자유기업이 들어서는 날을 고대했다.

그러나 1980년대에 동유럽 지배계급은 대체로 협력해 국가

자본주의를 유지했다. 반면에 아래에서는 개인적 희생을 감수할 태세가 돼 있던 사람들 사이에서 반감이 부글부글 끓다가 이내 넘쳐흘렀다.

그러나 이제 여기서도 중요한 변화가 일어났다. 제2차세계대전 이후 동유럽에서 일어난 항쟁들(1953년 동독, 1956년 헝가리, 1956년·1970년·1980년 폴란드)에 참가했던 지식인·학생·노동자는 모종의 사회주의를 요구했었다. 아무도 서방에 존재하는 자본주의 사회로 돌아가고 싶어 하지 않았다. 그러나 탄압과 부패가 지속되고 국가자본주의 사회가 점점 더 노동자들의 기초적 필요조차 충족하지 못하면서 요구와 염원은 바뀌었다. 동독 사람들은 장벽 넘어 서독에서 더 번영하는 사회를 봤다. 동독 사람들은 자유선거, 언론의 자유, 집회의 자유, 정부를 비판할 자유를 부러워했다(그 모든 것이 서방에는 존재하는 듯했다).

사회주의는 더는 그들의 지향이 아니었다. 동구권의 가장 헌신적이던 사회주의자들조차 대부분 오랜 수감 생활에 지쳐 새로운 사회주의라는 전망을 버리고 국가자본주의에서 다국적 자본주의로 바뀌는 정도면 됐다고 봤다. 혐오스러운 정권을 선출된 의회로 대체하고 서방과 마찬가지로 그 의회가 자유기업 자본주의를 주재하면 족하다고 여겼다. 혁명이니 노동자평의회니 소비에트니 혁명 위원회니 하는 것은 기껏해야 한물간 얘기이고 심지어 이길 수 없는 세력들에 대항하는 길고 지난한 투쟁을 뜻하는 것 같았다.

1989년 동유럽에서 갑작스럽고 매우 강력하게 대중행동의 폭풍이 일었다. 몇 달 만에 동유럽 지배자들은 차례차례 무너졌다. 제1차세계대전 이후 몇 달 만에 여러 왕과 황제가 무너진 것과 꼭 마찬가지였다.

붕괴의 시작은 폴란드였다. 폴란드에서는 점증하는 파업과 만성적 경제 위기의 압력 속에서, 1981년에 솔리다르노시치 탄압을 이끌었던 바로 그 야루젤스키 장군이 이제는 솔리다르노시치에게 정부에 입각하라고 요청했다. 부분적 자유선거가 실시돼 야루젤스키를 대통령으로 하는 솔리다르노시치 정부가 세워졌다.

그러나 이 소식이 도화선이 돼 동유럽 전역의 대중이 행동에 나섰다. 때로는 파업의 뒷받침을 받으며 대중 시위가 지배자들을 하나하나 쓰러뜨렸다. 동독의 호네커, 체코슬로바키아의 후사크가 물러났다. 헝가리의 카다르와 불가리아의 지프코프는 [집권당 내부의 분열이라는] 좀 더 조용한 방식으로 제거됐다. 이 정권들은 대중 시위를 무력으로 막아 보려 했지만 이번에는 소련 군대가 [아프가니스탄에서의 패배와 군대 내부의 글라스노스트 때문에] 버팀목이 돼 주지 못했다. 이 정권들은 모두 별 대항도 못 해 보고 무너졌다. 오직 루마니아의 독재자 차우셰스쿠

만이 자신이 아는 유일한 방법으로 대중의 저항을 짓밟으려고 했다. 그의 명령으로 비밀경찰이 소집돼 시위대를 진압하고 티미쇼아라 광장에 모인 대중에게 총격을 가했다. 그러나 얼마 지나지 않아 루마니아 군대가 세력균형을 재 보고는 그에게서 돌아섰다. 다른 독재자와 마찬가지로, 차우셰스쿠는 자기편이 아무도, 자신의 호위대 중에도 없다는 것을 갑자기 알게 됐다.

기존 정부가 사라지고 선거가 실시돼, 흔히 보수적이거나 자유주의적인 정부가 들어섰다. 기업 경영자, 군 장성, 판사, 고위 공무원, 심지어 경찰과 정보기관 수장은 대부분 제자리를 보전했다. 이제는 사람들에게 표를 구하게 된 정치인들도 자신들이 '개과천선'했다고 선언할 뿐 대체로 옛 관료들이었다. 동독 공산당 지도자 한 명은 선거 도중에 급히 사퇴해야 했다. 그가 사람들이 질색하는 동독의 비밀경찰 슈타지의 이전 수장이었음이 밝혀졌기 때문이다. 과거 행적이 별반 다르지 않은 다른 정치인들은 '새로운 민주주의'에 대한 신념을 뻔뻔스럽게 선언하면서 과거를 어찌어찌 덮었다.

옛 지배자들을 타도한 것은 대중행동(대중 시위와 필요한 곳에서는 파업)이었다. 이것이 1989년의 놀라운 사건들이 주는 첫 번째 중요한 교훈이다. 그러나 그 대중은 바르토셰크가 오래전 1968년에 한 예언적 경고, 진정한 변화는 단순히 "인물만 바꾼다"고 일어날 수 없다는 점을 곧 떠올릴 수밖에 없을 터였다. 그는 "휘청거리는 권좌는 결국 살아남을 것이고 거기에서 새 과두적 관료가 생겨나 우리 모두에게 통제력을 행사할 것이다" 하고 경고했다. 컨설턴트·기업가·자본가·언론사주·경제학자가 동유럽에 대거 진출하며 이 예언이 옳았음을 입증했다. 그들은 서방에서 새 메시지를 가져왔다. 국가자본주의는 실패했고(이것은 맞는 말이다), 사기업 자본주의, 예전의 다국적 시장 자본주의가 성공하고 있다는 것이다.

그런데 정말 그럴까?

4장 — 커지는 분노

사람들은 자신들의 지식으로 세상을 바꿔 왔다. 짧고 쭉정이투성이던 밀은 크고 실해졌다. 작고 신맛이 나던 사과는 크고 달아졌다. 나무들 사이에서 자라며 큰 새들의 먹이가 되던 포도는 빨강과 검정, 초록과 연분홍, 자주와 노랑 등 수많은 품종으로 재배됐다. 품종마다 맛도 독특하다. 실험 농장에서 일하는 사람들은 천도복숭아, 40가지나 되는 자두, 껍질이 얇은 호두 등 새로운 과일을 만들어 냈다. 사람들은 식물을 고르고 접붙이고 개량하고 자신과 땅을 혹사시키면서 끊임없이 일한다. …

그러나 나무를 접붙이고 씨앗을 교배해 길러 내는 사람들이 그 결실을 굶주린 사람들에게 먹이는 방법은 찾아내지 못한다. …

수많은 사람들이 굶주리며 과일을 먹고 싶어 하지만 산더미처럼 쌓인 황금색 오렌지 위에는 석유가 뿌려진다. 썩은 내가 일대를 가득 채운다. …

사람들이 강에 버려진 감자를 건지려고 그물을 가지고 오면 경비가 그들을 막는다. 사람들이 버려진 오렌지를 주우려고 털털거리는 차를 몰고 오지만 이미 석유가 뿌려져 있다. 그래서 사람들은 가만히 서서 물에 떠내려가는 감자를 지켜본다. 도랑 안에서 죽임을 당하는 돼지들의 비명이 들리고 그 위에 생석회가 덮인다. 산더미처럼 쌓인 오렌지가 썩어 가는 것을 바라본다.

사람들의 눈 속에 좌절감이 있다. 굶주린 사람들 눈 속에 분노가 커지고 있다.

— 존 스타인벡, 《분노의 포도》

부자들과 권력자들은 으레, 자신의 부와 권력이 더 커져야 자신뿐 아니라 다른 모든 사람에게 혜택이 돌아간다고 말한다. 자신들을 부유하게 만들어 준 '자유 시장' 체제가 사람들이 원하고 필요한 것을 생산하는 데 적합한 유일한 체제라는 게 이들의 기본 주장이다.

그렇지만 자유 시장 체제가 지배하는 세계를 있는 그대로 들여다보면 정반대의 모습을 볼 수 있다. 세계 곳곳에는 간절히 필요하고 원하는 게 있어도 체계적으로 무시당하는 수많은 사람들이 목메어 절규하고 있다.

"가난한 자들은 항상 너희 곁에 있을 것이니" 하고 예수가 말했다고 한다. 지금 우리 곁에는 예수나 악마가 상상할 수 있는 것보다 더 많은 가난한 사람들이 있다. 1960년, 유엔식량농업기구 의장은 '부유한 나라들'이 '개발도상국'을 '원조'하는 데 들이는 국민소득의 비율을 상당히 높이지 않으면, 최고 수혜자는 《요한묵시록》의 네 기사騎士가 될 것이라 경고했다.

기근, 질병, 무지, 죽음을 뜻하는 네 기사는 이제껏 세계를 짓밟아 왔다. 1988년 세계은행은 세계 인구의 5분의 1인 10억 명이 '절대 빈곤' 상태에서 살고 있다고 추정했다. 이런 조건에 놓인 사람들의 주된 희망은 아이가 5살 넘어서까지 살아남는 것이다. 언제나처럼 세계은행은 이 문제를 과소평가했다. 워싱턴에 본부를 둔 월드워치연구소가 작성한 1980년대에 관한 보고서를 보면 '절대 빈곤층'은 세계 인구의 23.4퍼센트인 12억 명으로 세계은행의 추정치보다 높다.

'자유 시장 10년'이라 불리는 1980년대에 이 수치와 비율이 50년 만에 처음으로 올랐다. 제2차세계대전 종전 후에는 10년마다 '절대 빈곤층'의 비율이 미미하게나마 줄었다. [그런데] 이제 필요에 따른 생산에 적합한 것이 최고의 특징이라는 자유시장 체제 10년 동안, '절대 빈곤층'이 증가한 것이다.

43개 나라에서 (경미하게 개선을 보인, 세계에서 가장 큰 두 나라, 중국과 인도를 제외하고) 대부분의 사람들이 1980년대 초보다 더 곤궁해진 처지로 1980년대를 마감했다.

주요 희생자는 아동이었다. 페루 아동의 3분의 1은 충분히 먹지 못해 발육부전과 기형 증세를 보인다. 잠비아는 굶어 죽은 아동이 1980년대 상반기에 갑절로 늘었다. 브라질은 유아 사망자가 다른 어느 때보다도 1980년대 중엽에 더 많았다(이는 20년 만에 처음 증가한 것이다).

유엔아동기금은 현재 벌어지고 있는 참상을 알리려는 절박한 시도로 1989년 연례보고서에서 다음과 같이 선언했다.

> 개발도상국의 발전이 둔화하거나 퇴보한 결과로 지난 12달 동안 아동 50만 명 이상이 사망했다.

심지어 이 말조차 틀렸다. '개발도상국'의 많은 지역이 더는 발전하고 있지 않기 때문이다. 자유 시장 체제가 재주를 부린 직접적 결과로 가난한 나라들은 높은 이자로 막대한 돈을 빌리게 됐다. 1989년, 소위 개발도상국들은 1조 달러 이상의 빚을 졌다. 이는 그 나라들이 생산하는 전체 가치의 거의 절반에 해당했다.

잠비아 사람들이 생산하는 것을 모두 채권자인 은행과 투자회사에 지불한다면, 3년이 꼬박 지나도 이자밖에 갚지 못한다. 물론 (그럴 수는 없겠지만) 만약 그렇게 한다면 아무도 살아남지 못할 것이다. 현 상태를 유지하더라도 수많은 사람들이 죽을 것이고 산 사람들도 근근이 연명할 것이다. 한때는 지구 상에서 가장 풍요로운 나라 가운데 하나였던 곳에서 말이다.*

1984년까지는 은행이 가난한 나라들에 빌려주는 돈이 이자로 받는 돈보다 많았다. 1988년이 되자 이 [대출금에 대한] '이자 수익'(자유 시장의 기본 개념)이 흐름을 역전시키고 있었다. 그해 가난한 나라들은 대출액보다 상환액이 500억 달러 더 많았다.

세계의 가난한 사람들은 단지 저개발국, 즉 가난한 나라에만 있는 것이 아니다. 부유한 나라에도 가난한 사람들이 수없이 많다. 자유 시장 체제(생산을 사람들[의 필요]에 맞춘다고 하는)가 성공할수록 부유한 나라의 가난한 사람들도 늘고 있다. 1988년 자유 시장의 땅 미국에서 3200만 명(미국 아동 5분의 1을 포함)이 정부 자신의 기준으로 빈곤선 아래에서 살고 있었다. 자유 시장 호황기인 1980~1984년에 하위 40퍼센트의 실질소득은 3퍼센트 감소했다.

1981년과 1987년 사이 미국 연방 정부는 주택 예산을 80억 달러에서 30억 달러로 삭감해 자유 시장에 대한 헌신을 보여 줬다. 보조금을 받아야 하는 가난한 사람들을 위한 주택 공급은 1970년대 연간 2만 채에서 1980년대 연간 5000채로 줄였다.

---

* 잠비아는 1970년대 초까지 세계 최대 구리 생산국이었다.

영국 총리 마거릿 대처는 정확히 똑같은 자유 시장 정책을 추구했고 정확히 똑같은 결과가 나타났다. 영국에서 자유 시장의 위대한 10년이 보인 가장 놀라운 특징은 아마도 가난한 사람과 노숙자 수의 증가일 것이다. 그 위대한 10년이 시작할 때는 기초생활보장 급여 대상자가 610만 명이었다. 그 수는 1985년에 940만 명으로 늘었고 그 후로도 증가했다.

미국에서와 마찬가지로 마거릿 대처에게 자유 시장이란 비싼 집값을 감당할 수 있는 사람만 주택 실수요자라는 뜻이었다. 대처 아래에서 지방정부들은 공공 임대주택을 사실상 짓지 못하게 됐다. 1880년대 이후 처음으로, 런던 도심 거리가 굶주린 사람, 집 없는 사람, 끼니를 해결하기 위해 구걸하는 사람, 비위생적이고 위험한 쪽방에 돈을 내는 것보다 비바람을 감수하는 게 낫다고 여기는 사람들로 가득 찼다.

굶주리는 사람들의 놀라운 증가와 그에 따르는 말로 다 할 수 없는 참담함과 절망이 자유 시장의 위대한 10년이 이룬 주요 업적이다. 미국 대통령과 영국 총리를 필두로 한 자유 시장 지지자들은 그리스도의 유명한 격언 "가난한 자들은 항상 너희 곁에 있을 것이니"를 가끔 들먹였다. 예수가 실존 인물이라면 틀림없이 가난했을 것이고, 예수의 이 말은 물자가 모든 사람한테 돌아가기에는 부족해서 어떤 사람들은 거의 아무것도 갖지 못할 수밖에 없다는 뜻일 것이다. 예수가 했다고 하는 다른 말들처럼, 세계 곳곳의 자유 시장 지지자들은 이 말을 이용해 가난을 가난한 사람들의 탓으로 돌렸다. 그들이 나약하고 무능해서 그 모양이라는 것이다.

이런 주장들은 모두 예수가 살았다고 하는 시기의 가난한 사람과 오늘날의 가난한 사람 사이의 중요한 차이를 숨긴다. 2000년 전에는 물자가 부족했던 게 사실이어서 일부 사람들은 가난할 수밖에 없었다. 그러나 1990년에는 모든 사람한테 충분히 돌아갈 만큼의 재원이 존재한다. 오히려 모두에게 돌아가고도 남을 정도다. 예수의 말을 지금 상황에 비춰 개작하자면 이럴 것이다. 세상은 풍요로 가득 차 있는데도 가진 자들끼리 나눠 가지고 없는 사람들은 아무것도 못 받는 것은 바로 자유 시장 체제의 승리 때문일지니 … .

12억 5000만 명이 제대로 먹지 못한다. 그러나 세계 인구의 2배 이상이 먹을 만큼의 식량을 손쉽게 생산할 능력이 있다. 그리고 실제로 오늘날은 지구 상 모든 사람이 먹을 만큼 충분한 식량이 생산되고 있다. 미국국제개발처의 에드거 오언스는 1974년 11월 한 회의에서 다음과 같이 말했다.

> 지구 상의 경작지가 네덜란드의 농장만큼 효율적으로 경작된다면 현재 인구의 17배인 670억 명을 먹일 수 있을 것입니다.

이는 다소 과도할 수 있으므로 좀 더 현실적인 묘사를 보자면, 1976년 유엔식량농업기구가 밝힌 것이 있다.

> 현재의 지식과 자원으로 식량 생산을 갑절로 불리는 데는 아무 어려움도 없을 것이다.

유엔의 또 다른 기구는, (흔히 대량) 살상 무기를 생산하는 데 쓰이는 세계 지출의 0.5퍼센트를 고통에 시달리는 아프리카 대륙의 농업에 투자하면, 아프리카 인구 전체를 너끈히 먹일 식량을 생산할 수 있다고 추정했다. 단 0.5퍼센트로 말이다! 사람을 죽이는 데 쏟아붓는 돈의 극히 일부분으로 수많은 사람의 생명을 구할 수 있다! 그러나 '자유 시장'은 그 돈을 폭탄과 총알을 만드는 데 단단히 묶어 둔다. 동시에 미국의 비옥한 농지의 생산량을 가차 없이 줄였다. 심지어, 일부 유엔 기구들이 자유 시장의 우선순위가 낳은 참상을 겁 없이 들춰내자 이 기구들의 기금을 차단하는 캠페인을 벌였다.

자유 시장의 모순은 어디서나 너무 커져서 그 맹신자들조차 그것을 회피할 수 없다. 현재 인류에겐 어려움 없이 모든 사람의 기본적 필요를 채우기에 충분한 기술·원료·지식·창의력이 있다. 식량농업기구의 한 인사가 말했듯이 아무 어려움 없이 식량 생산을 2배로 늘릴 수 있으며, 전 세계 사람들에게 식량·의복·주거지·난방·전기뿐 아니라 교육·건강·교통을 제공하는 것도 전혀 문제가 아니다.

생산잠재력은 모든 통계에서 드러난다. 모든 인간이 안락함과 풍요로움을 누릴 수 있다. 국제적으로 협력해 미래 세대를 전쟁으로부터 보호하고, 자유 시장이 우리에게 물려준 무기 생산 기계를 안전하고 편안한 세계를 건설하는 데 쓴다면 말이다. 앞으로는 물론이고 지금도 우리 곁에 가난한 사람들이 있을 필요가 전혀 없다. 세계의 산업과 농업의 방향을 조금만 바꿔도 가난을 영원히 없애 버릴 수 있다.

이는 전혀 이상주의적 환상이 아니다. 현재 산출된 통계자료를 기초로 한 간단한 상식이다.

그렇다면 어째서 자유 시장주의자들은 엄청나게 많은 인간을 파멸로 내모는 정책을 고집하는 것일까?

그 대답은 1980년대 사회 발전의 또 다른 주요 측면에 뿌리를 두고 있다. 바로 부자들을 더 부유하게 만들기 위해서다. 이 규모는 통계자료로 설명이 안 될 만큼 매우 거대하다. 가난한 나라를 포함해 세계 모든 나라에서 부자들은 그 어느 때보다 많은 재산을 가지고 있다. 미국의 소득 상위 10퍼센트는 나머지 인구보다 훨씬 많은 부를 누리고 있는데 그 몫이 [자유 시장 10년 동안] 7퍼센트 더 증가했다. 영국에서는 1983년에서 1987년 사이 주식 가치가 5배로 상승했고 심지어 1987년의 주식시장 폭락에도 갑부들의 부가 어마어마하게 축적되는 것은 멈추지 않았다.

특히 국영기업의 회장과 이사진이 노동자들한테 모범을 보이기 위해 자신들의 소득을 낮춰야 한다던 낡은 생각이 사라졌다. 영국의 공공서비스가 "경쟁을 도모하기 위해" 공적 독점에서 사적 독점으로 바뀌면서, 회장과 이사진은 스스로 자신들의 "진정한 가치"라고 생각하는 만큼 보수로 가져갔다(즉시 그들의 급여는 2~3배로 늘어났다). 백만장자들의 신문은 막대한 재산을 추앙했다. 자유 시장 10년 동안 전 세계에서 한 줌밖에 안 되던 억만장자는 157명으로 늘었다. 백만장자는 50만 명에서 200만 명으로 4배가 됐다.

모든 곳에서 감세가 이 과정에 도움이 됐다. 자유 시장 10년 동안 영국의 최고 소득세율은 83퍼센트에서 40퍼센트로 줄었다. 법인세·양도소득세·상속세처럼 부자들에게 영향을 미치는 온갖 세금도 함께 삭감됐다. 재산세를 폐지하고 도입한 인두세는 이미 부유한 사람들의 호주머니를 더 두둑하게 해 줬다.

미국 대통령 레이건이 감세 잔치를 벌이기 위해 발탁한 데이비드 스토크먼은 환멸감에 빠지게 됐다. 그는 한 친구에게 이렇게 썼다. "탐욕이 모습을 드러내고 있는 게 보이십니까? 살찐 돼지들은 계속 먹어 대고 있습니다. 탐욕의 수준, 기회주의의 수준은 이제 통제할 수 없게 됐습니다." 〈월스트리트〉라는 영화는 부자들이 노동자들과 비교해서 얼마나 비도덕적이고 저속한지를 보여 주려는 내용으로 폭넓은 찬사와 박수갈채를 받았다. 월스트리트의 전형적 약탈자를 모델로 한 영화 속 주인공은 '탐욕은 선하다'를 신조로 삼았다. 정부와 증권거래소, 금융시장 등 다른 사람의 노력으로 돈을 벌기 위해 모인 곳이라면 어디든 이것을 신조로 삼았다.

심지어 가장 자유주의적인 기관들도 이런 빈익빈 부익부 현상에 주목하기 시작했다. 월드워치연구소는 자유 시장 10년에 관한 보고서를 제출하면서 가난한 사람들을 돕기 위한 '현실적 제안'을 만들어 내놨다.

> 미국인들은 칼로리 흡수량을 낮추기 위한 식이요법에 매년 50억 달러를 지출한다. 반면에 전 세계에서 4억 명이 영양실조에 걸려 신체와 정신이 피폐해지고 있다. 프랑스의 한 샘물에서 나는 물이 병에 담겨 전 세계 부유한 사람들에게 운송될 때, 거의 20억 명이 치명적 기생충과 병원균에 오염된 물을 마시고 그 물로 목욕을 한다.

부자들이 거의 모든 신문사를 소유하고 거의 모든 텔레비전 방송국을 통제하고 있어서 이런 추악한 빈부 격차는 거의 알려지지 않는다.

부자들은 어쩌다가 자신들의 부에 대해 문제 제기를 받으면, 오히려 시기심이 문제라고 몰아세운다. 부자들이 자신들의 부를 정당화하는 논리는 주로 두 가지다. 첫째, 능력과 진취성이 보상을 받아야 한다는 것이다. 부자들은 자신들이 부유한 것은 사회에 기여한 바가 많기 때문이고 그 기여가 특출하므로 특출하게 보상받을 자격이 있다고 말한다.

그러나 부자들은 대부분 능력이 없는데도 부유하다. 영국의 부에 대한 최근의 조사를 보면, 부자들이 소유하고 있는 부의 가장 큰 부분은 여전히 상속받은 것이다. 다시 말해, 그들이 부유한 것은 엄청난 주도력과 진취성을 겸비한 그들의 아버지나 할아버지 등 조상들이 죽으면서 자신들의 부(그 모든 부도 필시 특혜나 강탈로 취득한 것이다)를 물려줬기 때문이다.

수많은 부자들이 별다른 능력을 갖추고 있지 않다(상속받은 재산이 있으면 능력은 필요 없다). 그들이 부자일 수 있는 것은 바로 감수성도 지적 깊이도 없기 때문이다. 그들은 대차대조표를 읽을 수 있지만 이윤이라는 수치로 표현되는 인간 착취는 무시한다. 예를 들어, 세계 최대 언론·출판 그룹의 회장인 로이 톰슨이 그런 인물이다. 하워드 휴스도 같은 유형의 사람이다. 그는 돈 많은 한량으로 태어나 미치광이로 죽었다. 항공기를 설계했지만 추락했고 영화를 만들었지만 아무도 보러 가지 않았다. 때와 장소를 잘 타고난 능력과 대차대조표를 읽을 줄 아는 능력 덕분에 그는 거대한 금융·산업 기업의 우두머리가 됐고 미국의 대통령을 지명할 수 있었다.

1980년대에 백만장자가 된 사람들은 거의 다 별다른 기술·지식·능력이 없다. 그들은 주식 매매나 노동자 해고(즉 가장 빠르게 돈을 버는 두 활동)에만 전문가다.

막대한 부를 정당화하는 둘째 논리는 높으신 양반들이 유사 이래 사용해 온 것이다. 부유한 사람의 부가 가난한 사람에게 퍼져 나간다는 것이다. 이 주장도 성경에서 가져온 것으로, 한 거지가 부자의 식탁 발치에 앉아 위에서 떨어지는 빵 부스러기를 얻어먹었다는 이야기다. 부자들은 자신들이 없으면 빵 부스러기도 없다는 궤변을 늘어놓는다.

'빵 부스러기' 비유가 다소 겸연쩍었는지, 오늘날 부자들은 새로운(그러나 역겹긴 마찬가지인) 논리를 만들어 냈다. 바로 '낙수 효과'다. 이 주장인즉, 부자들이 더 부유해질수록 가난한 사람들에게 더 많이 '흘러내린다'는 것이다. 어떻게 낙수 효과가 작동하는지는 아무도 정확히 설명하지 못한다(1980년대는 그 반대가 사실임을 증명한다). 앞서 봤듯이 부자들이 배를 불리는 동안 가난한 사람들은 더 가난해졌다.

사실, 20세기 내내 나타난 패턴은 부자들의 주장과 정반대였다. 부자들이 더 부유해질수록 가난한 사람들은 더 가난해졌다. 1980년대에 그랬듯 부자들이 전횡을 일삼으면 가난한 사람들의 몫은 줄어든다. 단지 돈만이 아니라, 약간의 희망이라도 주던 무상 의료, 무상 교육, 무상 체육 시설, 사회적 안전망 등 모든 면에서 그렇다.

이 패턴은 우리가 살고 있는 세계에 대한 간단한 진실 두 가지를 보여 준다. 바로 착취와 계급의 존재다. 부자들이 부유한 것은 능력이 뛰어나서도, '낙수 효과'를 아주 많이 일으켜서도 아니다. 다른 사람들의 노동을 강탈하기 때문이다.

아무도 일하지 않으면 어떤 부도 존재할 수 없다. 노동이 모든 생산물의 필수 요소다. 부자들이 부유해진 것은 노동자들의 노동이 만들어 낸 가치의 일부를 훔쳤기 때문이고, 그 잉여 생산물을 (자신들의 부·권력·특권을 증대시키는) 단 하나의 목적으로만 사용하기 때문이다.

이런 노동 착취 덕분에 특정 계급의 사람들이 부유해졌고, 이것이 이전 사회와 마찬가지로 오늘날 사회의 중심적 특징이다. '시장'은 이 착취 체제가 작동하는 경제적 메커니즘이다. 시장은 사람들이 원하거나 필요한 것을 확인해 생산할 수 있다고 한다. 시장은 이윤이 생기는 곳에서만 생산이 이뤄지는 '경제 질서'를 부과한다. 무언가가 이윤을 만들어 낸다면 그것은 판매된다는 뜻이므로 필요한 것이 된다. 이윤을 만들어 내지 못한다면 그것은 필요하지 않거나 원하지 않는 게 되며 따라서 만들어져서는 안 된다.

여러분이 몹시 필요한 것이 있지만 돈이 없어서 그것을 살 수 없다고 해 보자. 그러면 여러분은 시장에서 없는 존재 취급을 받는다. 수많은 굶주리는 사람들이 이런 곤경에 처해 있다.

시장은 합리성이나 필요가 아니라 불합리성과 탐욕으로 움직인다. 새로운 투자 열풍이 불 때마다 노동자들이 고용되고 짧은 호황을 맞이한다. 투자 열기가 식으면 노동자들이 해고되고 시장에 상품이 더 많이 나와도 노동자들은 구입할 형편이 되지 못한다. 그러면 불황을 맞이한다.

이런 호황과 불황의 반복은 자본주의가 시작할 때부터 지금까지 계속되고 있다. 제2차세계대전 이후 30년 동안 자본가들은 서로를 칭찬하며 체제가 위기로 빠지는 경향을 극복했다고 말했다. 그러나 1970년대 중엽부터 더 심각한 위기가 찾아왔다.

마르크스는 시장 체제를 폭정과 무정부성의 혼합으로 묘사했다. 무정부성은 오늘날 전 세계에서 볼 수 있다. 호황기에 세워진 막대한 투자 계획이 불황기에 갑자기 폐기되고 이 과정에서 지역사회가 통째로 파괴된다. 1970년대 초, 영국 철강 산업은 연간 생산량 3000만 톤을 목표로 투자했다. 이 목표에 따라 새로운 공장과 설비가 세워졌지만 (시장 체제 때문에) 생산 목표가 1600만 톤으로, 다시 1000만 톤으로 '축소'되면서 모두 고철 덩어리가 됐다.

1972년, 영국 석탄 산업을 '되살리기' 위한 막대한 새 투자 프로그램이 시작됐다. 새 세탄장을 세우고 탄광을 보수했다. 1980년대가 되자 (남아프리카공화국이나 폴란드처럼) 노동자 임금이 더 낮은 지역에서 석탄이 더 값싸게 채굴되면서 영국은 거의 100개의 탄광을 폐쇄하고 광원 3분의 2를 해고했다.

아무도 다음에 무슨 일이 일어날지 누가 고통받을지 알지 못한다. 자본주의는 미래를 전혀 예측하지 못한다. 예를 들어, 자본주의 사회의 경제 예측가와 전문가는 1987년 10월 주식 시장 폭락을 전혀 예측하지 못했다. [미국 경제] 잡지 〈포천〉은 "사회주의의 종말"이라는 특집 기사를 내보내려 했는데 주식 시장 폭락이 많은 사람들에게 충격을 주자 재빨리 보도를 연기해야 했다. 대표적 시장 주창자 밀턴 프리드먼은 주식시장 폭락 이후 다음과 같이 고백했다.

> 아무도 이 공황의 원인을 알지 못한다. 원인은 심리적인 것이며 아무도 이를 이해하지 못한다. 나는 거대한 튤립 거품도* 지난주 공황의 원인도 알지 못한다.

시장의 핵심 동력은 다른 사람들을 희생시켜 부자를 더 부

---

* 17세기 네덜란드에서 발생한 튤립 과열 투기 현상.

유하게 만드는 것이기 때문에 시장의 광기와 과대망상은 역사상 어느 지배 집단에게도 뒤지지 않는다. 세계에서 가장 가난한 나라 중 하나인 코트디부아르의 대통령 우푸에부아니는 최근 냉난방 장치를 한 대성당을 지었는데 로마의 성베드로대성당보다도 크다. 그 성당에 설치한 스테인드글라스(면적이 3만 6400제곱미터나 된다)는 프랑스에서 들여왔고 대리석은 세계에서 가장 비싼 가격에 이탈리아에서 수입했다. 대성당 건축 비용은 2억 달러로 이 지독하게 가난한 나라에서 이뤄진 어떤 주요 투자보다 많은 액수다(그런데 이 나라의 로마가톨릭교도는 인구의 10분의 1밖에 안 된다). 코트디부아르에는 '시장'이 작동한다. 그러나 누가 여기 있는 대성당이 국가자본주의가 지배 체제이던 루마니아의 차우셰스쿠 궁전보다 덜 기괴하다고 말할 수 있는가?

여하튼 하나의 광기는 또 다른 광기를 부른다. 1980년, 지독하게 가난한 또 다른 아프리카 나라인 시에라리온은 아프리카통일기구 정상회담의 거창한 의식에 정부 1년 전체 예산의 3분의 2를 쏟아부었다.

시장 체제의 폭정은 무정부성보다 훨씬 더 명백하다. 시장에서 가장 큰 기업들은 일상적으로 서로 합병해 점점 더 큰 다국적기업이 된다. 다국적기업은 대부분 세계의 대다수 나라들보다 더 부유하고 힘이 있다. 다국적기업은 (위에서 아래로) 위계적으로 조직된다. 모두가 상층의 지시를 기다린다. 시장 체제에서 다국적기업의 구조는 옛 동유럽 정부들과 똑같은 '지령 구조'다. 이미 1973년에 미국 관세위원회는 다국적기업 내부에 무슨 일이 일어나고 있는지를 알아봤다.

> 가장 크고 가장 발전한 다국적기업에서, 계획과 실행을 위한 후속 모니터링이 얼마나 광범하고 세부적인지, 얄궂게도 그것은 공산주의 국가들의 국가 계획 절차와 겉과 속 모두 크게 닮았다.

정말 얄궂다. 이른바 공산주의 정부들은 명령·출세욕·공포로 작동한다. 다국적기업도 마찬가지다. 다국적기업은 자기 회사의 이윤율과 성공 말고는 아무것에도 흥미나 관심이 없다. 다국적기업은 시장이라는 이름 아래 미래에 대한 아무런 고려 없이 세계의 천연자원을 개발하고 열대우림을 뿌리째 뽑고 세계의 공기를 더럽힌다. 다국적기업은 자신이 하는 일이 사회에 미치는 영향에는 전혀 관심이 없다. 걸핏하면 안전을 무시해 소비자와 대중 전체를 위험에 빠뜨린다.

1988년* 보잉 항공기 참사, 런던 킹스크로스역 화재, '헤럴드 오브 프리 엔터프라이즈(자유기업의 전령)'라는 매우 적절

---

* 1989년을 잘못 쓴 듯하다.

한 이름을 단 여객선의 전복 등 이 모든 사고를 포함한 많은 참사는 자본가들이 이윤을 최우선으로 놓으면서 대다수 사람들[의 생명]을 번번이 경시하는 태도가 낳은 직접적 결과였다.

1970년에 시작한 경제 위기는 1930년대 대공황과 대량 빈곤 사태 이래로 자본주의가 맞닥뜨린 단연코 최악의 시기다. 1980년대에는 자본가들의 자신감이 매우 커졌고 자본주의에 반대하던 수많은 사람들이 사실상 굴복했다. 그러나 그 위대한 10년이 끝나 가고, 시장 체제의 진정한 진실을 (먼저 아주 처절하게 느낀 실업자와 노숙자뿐 아니라) 고용된 노동자들이 절실히 자각하면서, 그에 맞선 반란이 확산하기 시작했다.

1990년이 되자 마거릿 대처의 영국의 기적은 초라해 보였다. 그는 경제 위기에 대처하는 정책이 오로지 하나밖에 없었다. 바로 [수익성 없는 자본을 파괴하는] 구식의 불황과 대규모 실업이었다. 그는 1979년 처음 취임했을 때 이 정책을 힘껏 추진했다. 많은 사람이 대처가 성공하지 못할 것이라고 예측했지만 그는 시장 체제의 진정한 지지자들에게 굳건한 지지를 받았다. 그의 경제 자문 키스 조지프 경은 자신의 운전기사에게 이렇게 말했다. "우리는 300만 명, 어쩌면 400만 명의 실업자가 생기기를 원한다네." 그들은 실업자를 만들어 냈고 자본주의에서 가장 오래된 이 방법으로 [노동자들의 임금을 삭감해] "인플레이션을 체제 밖으로 몰아냈다." 불황은 지나가고 소규모 투자 호황이 시작했고 그러면 임금과 가격이 다시 상승하기 시작했다.

다시 인플레이션에 직면하자 마거릿 대처와 동료들은 한 번 더 똑같은 낡은 버튼에 손을 댔다. 매달 그들은 간절한 마음으로 수치를 봤다. 실업률이 더 높아지고 또다시 불황이 오고 인플레이션을 제때 억제해서 다음 총선 전에는 경제가 회복되기를 기도하면서 말이다.

마거릿 대처가 총선에서 이기지 못하더라도 그의 정부는 자신의 계급에게 이로운 일을 해 놨다. 대처는 자본가들이 전화·전기·가스·수도에서 이윤을 뽑아낼 수 있게 해 줬다. 노동당이 통제하는 지방의회가 재산세를 적절히 올려서 가난한 사람들에게 공공서비스를 제공할 수 있었는데, 대처는 [광역시의회를 폐지해] 이 빈약한 민주주의마저 종식시켰다. 대처는 "생산성이 엄청나게 증대했다"고 뽐낸다. 이것은 당연히, 노동자들은 더 많은 부를 생산하기 위해 더 고되게 일하고 수혜자는 늘 그렇듯 고용주라는 뜻이다.

1990년, 고용주들의 모임인 영국전경련CBI은 총회에서 시장 자본주의의 승리를 자축했다. 연단에 오른 연사들은 하나같이 임금 억제를 주장했다. 그들은 임금 9퍼센트 상승은 견디기 힘들다고 만장일치로 선언했다(물가 상승률이 9.4퍼센트였다). 회의 마지막 날, 영국 경영진 급여의 평균 인상률이 발표됐다. 33퍼센트였다.

1980년대 말, 대처·레이건·다국적기업으로 대표되는 시장 체제가 마침내 동유럽 옛 공산주의 블록의 중심부인 폴란드로 침투했다. 〈파이낸셜 타임스〉의 특파원이 그곳에서 무슨 일이 벌어졌는지를 확인했다. 1990년 5월 1일, 그는 매우 적절하게 다음과 같이 보도했다.

> 바르샤바에 처음 방문한 사람은 약간 충격을 받는다. 질주하는 수많은 최신 벤츠 자동차 때문도 아니고(그에 적응하는 데 약간 시간이 걸리지만) 거대한 웨딩 케이크처럼 도시의 상업 중심지에 우뚝 솟은 스탈린의 문화 궁전 때문도 아니다. 상점들 때문이다. 상점에는 상품이 가득하다. 우리는 상점 앞에 길게 늘어선 사람들과 텅 빈 선반 얘기를 많이 읽었는데 무슨 일이 일어난 것일까? 그런 현상은 사라졌다. 이는 자유 시장 경제로 나아가려는 폴란드 정부의 노력이 낳은 필연적 결과인 듯하다.
> 물가통제를 해제하고 국가의 산업 보조금을 삭감하자 1월 이후로 폴란드 임금의 구매력은 3분의 1이 줄었다. 가격이 매우 빠르게 상승해 평범한 폴란드인들은 더는 구매력이 없어졌다.

폴란드 노동자들이 보기에, (돈이 있어도 상점에 상품이 없던) 국가자본주의 체제라는 길고 어두운 밤은 (상점에 상품이 넘쳐 나지만 그것을 살 돈은 없는) 자유기업 체제라는 길고 어두운 새벽으로 바뀌었을 뿐이다. 폴란드 노동자들과 전 세계의 모든 노동자들은 다른 대안이 없는지 궁금해할 수밖에 없다.

5장 — 새로운 고지

부르주아 사회에서 산노동은 축적된 노동을 증식하는 수단일 뿐이다. 공산주의 사회에서 축적된 노동은 노동자의 생활을 확장하고 풍요롭게 하며 장려하는 수단일 뿐이다.

— 카를 마르크스, 프리드리히 엥겔스, 《공산당 선언》

대안은 사회주의다. 이 단어는 오랫동안 오용돼 왔으므로 그 기본 원칙을 다시 설명할 필요가 있다.

사회주의는 사회가 생산수단을 소유하고 통제해서 사람들의 필요에 따라 생산물을 분배할 수 있게 되는 것을 뜻한다. 사회주의는 평등 사상에 기반을 두고 있다. 이는 대다수 사람들이 균등하게 분배받을 것이라는 의미다.

이런 체제를 반대하는 의견의 기본 논리는 사회주의가 처음 제기됐을 때부터 지금까지 동일하다. 이에 대한 반박 또한 마찬가지다.

흔히 "인간 본성"이 이기적이고 탐욕스러워서 이런 체제와는 근본적으로 어긋난다고 한다. 결국 타고난 '아담'의 악한 마음이 튀어나와 평등주의적 체제를 파괴하리라는 것이다.

이 불쌍한 '아담'은 자본주의가 낳는 참상을 정당화하기 위해 계속 소환된다. 지난 200년간의 착취를 인간 본성 탓으로 돌릴 수 있다면 착취가 그리 나쁜 일만은 아닌 것처럼 보인다. 그러나 사실 사람들의 본성은 [예컨대] 런던 금융가 투기꾼들의 본성 같은 게 전혀 아니다. 실제로는 탐욕, 이기심, 타인에 대한 증오로 똘똘 뭉친 사람을 만나기는 어려운 일이다. 런던 금융가에서조차 그렇다. 일상생활에서는 이기적이고 탐욕스러운 사람만큼이나 관대하고 자기희생적인 사람도 많다.

사람들의 행동 방식은 그들이 어떤 종류의 사회에 살고 있는지에 따라 크게 달라진다. 사회가 탐욕과 이기심을 부추긴다면, 다른 사람을 착취하는 데 협력하는 대가로 커다란 부와 특혜를 준다면, 연대 활동을 범죄화한다면(보수당의 노동조합법이 그랬듯이), 그러면 사람들은 서로에 대한 신뢰를 잃고 자신만의 세계로 움츠러들고 옆 사람을 비난할 것이다. 반대로, 사회가 공동체의 일부로서 행동하고 생각하는 사람을 환영한다면, 자기 자신과 서로에 대한 신뢰가 자라고 인간 본성의 어두운 면은 줄어들 것이다.

우파는 평등 개념이 "우리 모두를 똑같이 만들어 버릴 거야" 하고 소리 지른다. 우파는 사회주의자들이 인간의 다양성을 인정하지 않고 개성이 있는 개인들을 획일적 대중으로 욱여넣을 것이라고 주장한다. 예술·건축·문학·대중매체 등이 모두 똑같아지리라는 것이다.

그러나 동일함이나 획일성은 점점 더 심해지는 독점자본주의의 특징이다. 사적으로 통제되는 대중매체와 대량생산은 소비자가 모두 똑같다고 가정하고 기사와 상품을 찍어 낸다. 사람들 사이의 다름과 차이는 모든 사람이 동등하게 보상받는 사회, 소수만 특별 대우하지 않는 사회에서 꽃필 가능성이 훨씬 더 크다. 《공산당 선언》에 적혀 있듯이 "낡은 사회를 대신해 … 각자의 자유로운 발전이 모두의 자유로운 발전을 위한 조건이 되는 연합체가 나타날 것이다."

평등 사상에 반대하는 또 다른 주장은 평등이 기술 발전 의욕을 떨어뜨린다는 것이다. 이 주장은 보통 "뇌 수술 전문의와 청소부의 보수를 똑같이 주겠다는 거냐?" 같은 질문으로 시작한다. "그렇다"고 대답하면 다그치듯 이런 반응이 나온다. "아하! 그런 사회는 청소부는 많을 테지만, 뇌 수술 전문의는 한 명도 없을 거야." 여기에는 뇌 수술 전문의는 보수가 청소부의 10배나 20배, 더 좋기로는 50배가 되지 않으면 연구하지 않거나 기술을 연마하지 않을 것이라는 가정이 깔려 있다. 그래서 뇌 수술 전문의와 청소부의 보수가 같아지면 사람들이 쓰레기통을 등에 짊어지는 쪽을 선택할 것이라는 얘기다.

사회주의자들의 주장은, 운 좋은 소수를 막대한 보수로 유인해 특정 기술을 갖추게 하는 것보다는 모든 일에 대한 보상이 대략 비슷할 때, 사람들이 각자 원하고 가장 잘할 수 있는 일을 할 가능성이 훨씬 더 크다는 것이다.

20세기에 자본주의를 옹호하는 선전의 하나는 사회주의가 결핍을 뜻한다는 것이었다. 자본주의가 역사 내내 가장 역겨운 대규모 빈곤을 만들어 낸 체제라지만, 그 대안이라는 사회주의는 아무도 풍족할 수 없는 사회이므로 어쨌든 자본주의가 낫다는 것이다. 말하자면 다음과 같은 얘기다. "사회주의자들이 당신의 재산, 비디오, 텔레비전, 가구, 심지어 당신의 딸까지 노리고 있어. 모든 걸 잘 간수해! 빨갱이들이 오고 있어!"

사회주의자들의 대답은 우리가 [이미] 풍요로운 세상의 문턱에 서 있다는 것이다. 모두에게 필요한 것 이상으로 충분히 생산할 수 있음을 보여 주는 증거가 곳곳에 있다. 생산을 계획하고 그 생산물을 공정히 분배한다면 아무도 결핍을 겪을 이유가 없다. 생산과정에서 환경이 오염되거나 파괴될 이유도 없다. 더럽고 고된 노동을 없애고 사람들이 교육·오락·여가 생활에 훨씬 더 많은 시간을 쓰게 하는 것이 우선시될 것이다.

생산수단의 공적 소유가 이루려는 것은 더 많이 생산하고 분배하는 것이지 그 반대가 아니다. 영국 사회주의자 존 스트레이치가 (아직 마르크스주의자였을 때) 이것을 잘 설명했다.

> 중요한 것은 사적 소유에는 두 종류가 있다는 것이다. 하나는 생산수단의 사적 소유다. 공장이나 광산, 땅에 대한 사적 소유를 말한다. 다른 하나는 소비재의 사적 소유다. 음식, 옷, 가구, 집, 자동차, 정원, 가전제품, 취미 용품 등 우리가 실제로 사용하고 소비하는 모든 종류의 것에 대한 사적 소유다. … 둘을 혼동할 수는 없을 것이다. 그 둘을 구별하는 규칙이 하나 있기 때문이다. 생산수단의 사적 소유는 수익을 가져다준다. … 소비재의 사적 소유는 수익을 가져다주지 않는다. 흔히 사회주의라고 일컫는 경제체제는 소비재의 사적 소유를 엄청나게 증대하기 위해서 생산수단의 사적 소유를 폐지하는 것이다.

사회주의를 지지하고 자본주의를 반대하는 이런 주장은 20세기 내내 계속돼 왔고 오늘날에도 설득력이 있다.

(이윤이 아니라 필요에 따라 생산하는) 계획경제와 (생산된 재화를 공정하게 분배하는) 평등은 사회주의의 정수다. 그러나 흔히 그러듯이 주장을 여기에서 멈춘다면 이 계획은 치명적 약점이 있다(20세기 역사에서 드러났다). 중앙집권적 계획

과 모종의 '평등'처럼 보이는 것이 노동자들의 적극적 참여 없이 위로부터 시행될 수도 있기 때문이다. 소련과 동유럽에서 바로 그런 일이 벌어졌다. 서구 산업국가의 사회민주주의 정당들(특히 영국 노동당)도 마찬가지로 이런 일을 시도했다.

두 시도 모두 사회주의를 자처했다(공산당도 사회민주주의 정당도 이제 더는 사회주의라는 단어를 쓰고 싶어 하지 않지만 말이다). 둘 다 계획경제를 조롱거리로, 평등을 신물 나는 말장난으로 만들었다. 그 이유는 간단하다. 두 경우의 '사회주의'는 피착취계급의 참여 없이 달성되거나 시도됐다. 노동계급의 자력 해방과 아래로부터 민주적으로 통제되는 사회라는 사회주의의 정신이 빠져 있었다. 국가자본주의든, 자본주의를 온전히 남겨 두거나 때로는 더 강화한 '개혁주의'든 사회주의를 가장했을 뿐이다.

우리의 출발점으로 돌아가 보자. 카를 마르크스는 사회주의가 어떨 것이라고 자세하게 설명하는 것을 (어쩌면 지나치게) 꺼렸다. 마르크스주의 학자들은 마르크스의 글을 뒤져 사회주의에 대한 완벽한 정의를 찾아내려 했다. [그러나] 그런 것은 없다. 하나의 원리나 하나의 사상을 담은 문장이 이따금 있을 뿐이다. 마르크스는 사회주의가 자신이나 다른 누군가가 정해 놓은 계획대로 이뤄지는 것이 아니라고 확신했다. 사회주의는 착취받던 계급이 지배자들에 맞서 일어설 때만 이뤄질 수 있었다. 노동자들이 산업을 장악해야 했다. 부자를 위해 사회를 운영하던 국가가 분쇄되고 완전히 다른 것으로 대체돼야 했다.

만약 사회주의가 단지 계획경제와 평등만을 뜻한다면 선의를 품은 사회주의자들은 지시를 내리거나 법을 제정하는 것으로 사회주의를 이룰 수 있다고 생각할 것이다(어느 쪽인지는 그리 중요하지 않을 것이다). 영국의 원로급 의회주의자인 비어트리스 웨브와 시드니 웨브 부부는 1935년 소련에 가서 대량생산 과정에서 나타난 스탈린주의 소련의 참상을 보고 매우 좋아했다. 그들은 《소련 공산주의: 새로운 문명?》이라는 제목의 굉장히 장황한 책을 썼다. 나중에 그들은 제목에 대해서 생각해 본 후 물음표를 떼 버렸다. 소련에는 계획경제가 있었고 모종의 '평등'도 존재하는 것처럼 보였으며, 모두 위로부터 시행된 것이었다. 비어트리스와 시드니(당시 패스필드 경이라고 불렸다)는 의회에서 법을 통과시키면 영국에 그런 종류의 사회주의를 도입할 수 있다고 생각했다.

스탈린과 웨브 부부가 배제한 사회주의 핵심 요소의 중요성은 강조하고 또 강조해야 한다. 그것은 사회주의의 민주적 정신, 아래로부터의 통제, 생산과정에서 나타나는 협동을 생산에 대한 통제로 전환시키는 것이다. 이런 과정에는 독재가 발붙일 곳이 없다. 자유와 민주주의는 사회주의에 사활적으로 중요하다. 프리드리히 엥겔스는 다음과 같이 적었다.

사회가 모든 생산수단의 주인이 돼서 생산수단을 사회적 계획에 따라 사용하게 될 때, 인간이 자신의 생산수단에 종속되던 상황이 끝난다. 각각의 개인이 자유롭지 않다면 사회 그 자체도 자유로울 수 없다는 것은 두말할 나위 없다. 그러므로 옛 생산양식을 머리끝부터 발끝까지 변혁해야 한다. … 그것을 새로운 생산조직으로 대체해야 한다. 이 방식에서는 아무도 자기 몫의 생산적 노동을 남에게 전가할 수 없다. … 다른 한편으로 이런 방식에서 생산적 노동은 각자에게 자신의 능력을 개발하고 발휘할 기회를 줌으로써, 인간을 예속시키는 수단이 아니라 인간을 해방할 수단이 될 것이다.

요약하자면, 사회주의는 계획경제, 평등, 혁명적 해방이 모두 하나로 합쳐지는 것이다. 앞의 두 요소가 있더라도 세 번째 요소가 없다면, 그것은 불완전한 사회주의가 아니라 사회주의와 반대되는 것이다.

인간이 생산적 노동 조직에 종속되는 현상은 엥겔스가 앞의 구절을 쓴 이후 훨씬 심해졌다. 착취가 심해질수록 훨씬 많은 노동자가 더 비참해졌고 사회주의의 필요성도 커졌다. 자본주의가 저지르는 최악의 범죄는 인간의 정신을 노예처럼 만들고 부패하게 만드는 것이다. 자본주의는 인간 정신을 생산적 노동에 구속하고, 불황과 호황의 반복 속에서 고통받게 만들고, 마치 기계류의 부품일 뿐인 양 모욕하고 비하한다. 영화 〈엘 노르테〉에 나오는 과테말라 농부는 "우리는 그저 저들의 팔다리일 뿐이지" 하고 말한다.

얼마나 낭비인가! 얼마나 많은 남성·여성·아이가 단 하루도 자신의 능력·꿈·기쁨을 만끽하지 못한 채 역사 속에 희생됐나! 오래전[18세기]에 교회 묘지에 앉아 묘비를 응시하던 토머스 그레이는 그곳에 묻힌 아까운 재능들을 생각하며 불현듯 분노를 느끼고 다음과 같은 시를 썼다(이 시는 다소 지루해서 이 시를 암기해야 하는 학생들은 힘들어했다).

냉혹한 가난은 그들의 고귀한 분노를 억눌렀고
영혼의 온화한 흐름을 얼어붙게 했다
순수하고 고요한 빛을 간직한 많은 보석이
깊이를 알 수 없는 바닷속 어두운 동굴에 가득하다
가득 핀 꽃들은 남몰래 얼굴을 붉히며
그 향기를 허공에 헛되이 뿌린다.

아주 오랜 세월이 지나고 레온 트로츠키는 혁명 이후에 무엇이 가능한지를 살짝 경험한 후에, 사람들이 부를 통제하고 나면 무엇을 성취할 수 있는지(그 반대가 아니라)를 훨씬 더 시적으로 썼다.

마지막으로, 무의식의 가장 깊고 어두운 구석에 인간 자신의 본성이 도사리고 있다. 분명히 인간은 최선을 다해 자신의 정신과 창조적 주도력을 그 본성에 집중할 것이다. 신·차르·자본 앞에 굽실거리기를 중단한 인류가 어두운 유전법칙과 맹목적 성性선택에 온순히 굴복하지는 않을 것이다. 인간은 자신의 감정을 통제하고 자신의 본능을 의식의 단계로 높이고 명확성을 부여해서 자신의 의지가 무의식의 깊이까지 도달하게 하려고 애쓸 것이다. 이런 식으로 인간은 자신을 새로운 고지에 올려놓을 것이다.

6장 — 쟁취할 세계

군주의 눈앞에서 노예를 폐지하는 정신이
무장한 왕들의 수도를 활보한다
그리고 광야에 그 깃발을 펼친다

— 셸리, 《헬라스》

우리가 시작한 곳, 1990년대 초 마거릿 대처의 영국으로 돌아가 보자. 대처의 게임은 끝났다. 공포와 최면을 뒤섞어 대중을 굴복시킨 듯했지만 이제는 먹히지 않는다. 사람들은 대부분 대처를 쫓아내길 원한다.* 우파 정부에 넌더리를 내고 변화

* 1990년 영국에서 이 책이 출간된 직후, 인두세 도입에 대한 광범한 반감과 항의 운동 때문에 보수당은 대처를 퇴진시킬 수밖에 없었다.

를 원한다.

어떤 종류의 변화일까? 1989년 말 동유럽 대중과 꽤 유사하게 대다수는 사소한 변화에도 만족할 듯하다. 그들은 정부를 쫓아내길 원하지만 다른 방향으로 너무 급격한 변화가 일어나는 것은 원하지 않는다. 닐 키넉이 이끄는 신모델 노동당이 정치적 변화를 원하는 대다수 사람들에게 희망의 초점이 됐다. 키넉이 이끄는 노동당 정부가 들어서면 상황이 (조금) 개선될 것이라고들 한다. 인두세를 폐지하고 육아수당과 노령연금을 인상할 것이라고 한다. 공공 임대주택을 조금 더 늘리고, 대중교통에 조금 더 투자할 것이라고 한다. 노동당 정부가 집권하면, 급격한 변화 없이도 조금 더 공정하고 괜찮은 사회가 도래하리라는 것이다.

이 노동당 지지자들은 노동당 초기의 희망에서 얼마나 멀어졌는가! 30~40년 전 노동당 우파 지지자들이 말하던 것에 견줘도 지금 그들이 내비치는 포부는 얼마나 초라하고 보잘것없는가!

1950년대와 1960년대에 정치 전문가들은 '합의 정치'를 말하기 시작했다. 그들은 의회정치로 성취할 수 있는 것에 대해 대다수 정치인들이 초당적으로 동의하는 기초적 합의가 있음을 감지했다. 당시에 그 합의는 '버츠컬리즘'이라고 불렸고 이는 보수당 지도자 R A 버틀러와 노동당 지도자 휴 게이츠컬의 이름을 딴 용어다. 그들은 국민보건서비스NHS의 필요성, 교육에서 민간 부문의 축소, 어느 정도의 국유화, 완전고용, 강하고 자유로운 노동조합에 '합의'했다. 노동당 측에서 이 합의는 1956년에 출간된 앤서니 크로스랜드의 《사회주의의 미래》로 표현됐다. 크로스랜드는 영속적 산업 평화를 예언했다.

> 정부와 사용자들이 한통속이 돼서 … 임금 삭감, 전국적 직장 폐쇄, 노동 악법 같은 악랄한 수단을 동원해 … 노동조합을 공격하는 것은 상상할 수 없는 일이다.

크로스랜드가 상상할 수 없다고 한 일이 이내 벌어졌다. 그가 상상하지 못한 끔찍한 일이 1980년대의 현실이 됐다.

크로스랜드는 경제의 미래에 대해서는 훨씬 더 낙관적이었다.

> 장기적 관점으로 볼 때 성장과 효율은 더는 사회주의의 주된 문제가 아니다. 영국은 거대한 풍요의 문턱에 서 있다.

크로스랜드가 보기에, 세계대전 이전 자본주의에서 반복되던 불황과 호황은 그것의 끔찍한 결과들(대량 실업, 빈곤, 복지 삭감 등)과 함께 영원히 사라졌다. 현대 정치인들은 (어찌

된 일인지 영문은 모르지만) 어쨌든 오래된 문제들에서 벗어났으니 새 문제들에 관심을 돌릴 수 있게 됐다는 것이다. 크로스랜드의 사회주의적 미래는 다른 문제에 집중했다. 그는 다음과 같이 썼다.

> 우리가 필요한 것은 수출과 노령연금이 더 많아지는 것만이 아니다. 야외 카페가 더 많아지고, 밤거리가 더 밝고 화사해지고, 선술집 문 닫는 시간이 더 늦어지고, 동네 극장이 더 많아지고, 호텔과 레스토랑이 더 좋고 친절해지고, 음식점이 더 밝고 깨끗해지고, 강변 카페가 더 많아지고, 배터시 공원 같은 놀이공원이 더 많아지고, 공공장소에 벽화와 그림이 더 많아지고, 가구·그릇과 여성복의 디자인이 더 좋아지고, 새 주택단지 중심에 조각상이 세워지고, 새 가로등과 공중전화 박스의 디자인이 개선되는 것도 필요하다. 이 목록은 끝도 없다.

보수당은 이에 대체로 동의했다. 보수당은 완전고용 상태의 자본주의 영국(사용자와 노동자, 보수당과 노동당이 모두 전망 좋은 강변 카페에서 만족하며 어울릴 수 있는)이라는 아이디어를 좋아했다.

1970년대 중엽이 되자 그런 합의가 깨지기 시작했다. 1975년 보수당 의원들은 강경 우파인 마거릿 대처를 당 대표로 선출했다. 대처는 기존 합의를 정면으로 공격했고 빅토리아시대의 노골적 자본주의로 돌아가고자 했다. 우파의 새 이데올로기는 국유화, 모든 종류의 공공 지출, 공공 주택, 공립학교, 국민보건서비스를 모두 공격했다. 이런 이례적 선택은 대처의 개인 성품과는 관련 없었다. 어느 모로 보더라도 대처보다는 그의 주된 경쟁자 윌리엄 화이틀로의* 성격이 그런 선택과 더 어울렸다. 대처가 선출된 것은 크로스랜드의 예언이 틀렸음을 보여 주는 징후의 하나였다. 자본주의는 문제를 해결한 것이 아니었다. 불황과 호황의 순환이 다시 등장하고 있었던 것이다. 실업자가 100만 명을 넘어 계속 증가했다. (흔히 무시되던) 계급 전쟁이 다시 의제에 올랐다.

당시 노동당 정부는 이 새로운 흐름에 거의 저항하지 않았다. 오히려 노동당 정부의 재무부 장관 데니스 힐리는 크로스랜드가 상상할 수도 없다고 말한 바로 그 통화주의 정책과 공공 지출 삭감을 실행했다. 이 정책을 실행하면, 크로스랜드가 말한 조각상이 세워질 새 공공 주택단지도, 더 밝고 깨끗해질 값싼 음식점도, 디자인이 개선될 공중전화 박스도 없을 터였다.

그 과정은 1980년대 내내 계속됐고 1990년대로 이어졌다.

---

* 1975년 보수당 대표 선거에서 대처와 경쟁했고 부대표가 됐다. 1979년 대처가 총리가 되자 사실상 부총리 구실을 했다.

이제는 총리가 된 대처가 그 과정을 이끌고 노동당은 뒤따랐다. 그리고 새로운 합의가 생겨났다. 완전고용이 아니라 실업에, 혼합경제가 아니라 자유 시장 자본주의에, 가난해지지 않을 권리가 아니라 부자가 될 권리를 인정하는 것에 기반을 둔 합의다.

[노동당의] 목표·염원·정책이 이처럼 크게 후퇴한 것은 앞으로 무엇이 다가올지를 경고하고 있다. 제2차세계대전 이후 노동당은 한 번도 정국을 주도한 적이 없다. 줄곧 사태에 순응했고, 자신들의 전통을 이제 "한물갔다"고 창피해하며 폐기했고, 정부 각료의 얼굴이 바뀌는 것을 제외하면 차이가 거의 없는 새 사회에 만족했다.

이 과정에서 나타난 완전한 기회주의는 그것을 종용한 사람들마저 깜짝 놀라게 했다. 가장 끔찍한 예는 영국 핵무기에 대한 노동당의 태도였다. (1983년과 1987년) 두 번의 총선에서 노동당은 영국 정부가 핵무기 제조와 비축을 그만둬야 한다고 주장했다. 노동당은 핵무기는 쓸모없고 비싸고 적대국의 핵무기 개발을 부추길 것이라고 했다. 이것은 명확한 정책이었고, 설득력이 있었으며, 한때 국민 다수의 지지를 받았다. 당대회에서 거듭 통과됐고 당원의 압도 다수가 열렬히 지지했다.

보수당은 이 핵무기 반대 정책에 맞서 강력한 캠페인을 시작했다. 노동당이 핵무기를 보유한 유일한 적대국인 소련의 위협에 영국을 '무방비' 상태로 노출시키고 있다는 것이었다. [총선] 투표 결과가 보여 줬듯이 이 캠페인은 노동당에게 타격을 줬다. 그래서 1987년 이후 노동당 지도자들은 정책을 바꾸기로 결심했다.

그러나 문제는 지금까지 '적'이던 소련이 이제는 급속히 '친구'가 되고 있다는 것이었다. 이제 더는 핵무기를 보유한 '적대국'은 없었다! 핵무기 보유를 찬성하는 빈약한 주장의 마지막 근거마저 사라졌다. 그런데도 노동당 지도자들은 핵무기 유지를 기초로 한 '방위 정책'을 집요하게 구상했다. 누구를 겨냥한 것인지에 대해서는 말을 얼버무리면서 말이다.

새 정책은 노동당 당대회에서 열렬한 지지를 받았다. 실비아 힐이라는 대의원이 그 이유를 가장 잘 설명했다. 힐은 다음 선거에서 승리하기 위해서라면 지금까지 유지하고 있던 반핵운동CND에 대한 지지도, 핵무기 폐기를 옹호하던 소신도 포기할 태세가 돼 있다고 했다. 중요한 것은 의회 권력이라고 말했다. 힐은 이것을 자기 예상보다 더 일찍 깨달을 수 있었다. 1990년 스태퍼드셔주 중부 선거구 보궐선거에 출마해 노동당 보궐선거 역사상 최고의 성적을 거두며 당선한 것이다.*

* 사실은 인두세 항의 시위와 소요가 한창이던 1990년 3월에 선거가 열린 덕분이었다.

오늘날 좌파이거나 반쯤만 좌파인 사람들은 어디서나 힐의 연설을 반복한다. 그들은 "아무 도움도 안 되는 거대 담론"에 신물이 난다고 털어놓는다. 자신의 오래된 신념과 확신을 흔쾌히 수정하고 머릿속에서 지워 버린다. 다음 선거에서 이기는 문제가 머릿속을 완전히 지배하고 지고지상의 과제가 돼 버리니, '이러면 표를 잃을까?'가 노동당 의원들과 그 지지자들의 모든 말, 모든 정책, 거의 모든 생각의 유일한 잣대가 된다. 그래서 노동당의 정책은 스스로 생각하는 사람들의 합리적 판단이 아니라 여론조사 결과에 따라 정해진다.

노동당의 포부가 쪼그라들고 정책이 유약해진 것도 득표의 관점으로 보면 긍정적 이점이 된다. 노동당 지지자들은 (자신의 말이 얼마나 냉소적으로 들리는지는 깨닫지도 못한 채) "노동당이 온건한 공약만 내걸면 공약을 배신하는 일은 없을 거야" 하고 말한다. 그들은 '아주 조그만 것'에도 만족할 것이라고 거듭 강조한다. 소수의 사회주의자들이 비판하면 실용적·현실적 개혁에 방해가 된다고 맹비난한다.

이 모든 주장의 뿌리는 사회에 물을 공급하는 정치적 샘물은 의회라는 생각이다. 즉, 개혁적이든 반동적이든 정치적 조처는 모두 의회에서 나오고, 따라서 노동당이 의회에서 다수당이 되지 않으면 노동자를 해방하는 어떤 일도 할 수 없다는 것이다. 선거에서 노동당이 승리하면 친노동적 의회에서 법과

정책이 만들어진다. 노동당이 패배하면 그 법과 정책은 노동자에게 적대적일 것이다. 노동당 정부를 세우고 지키는 데 모든 것이 종속돼야 한다는 결론이 도출된다.

전후 영국 역사를 잠깐만 살펴봐도 이런 주장은 완전히 틀렸다는 것이 드러난다. 1955~1964년 보수당 정부 시절은 완전고용 상태였지만 1975~1978년 노동당 정부 시절은 실업이 심각했다. 1950년대와 1960년대 초 보수당 정부는 공공 주택을 수십만 호 건설했고 완전한 무상 의료 제도인 국민보건서비스를 유지했다(완전한 무상 급식 제도는 말할 것도 없다). 마거릿 대처가 교육부 장관일 때 의무교육 연령이 높아졌다. 1972년 에드워드 히스가 이끄는 보수당 정부 시절에 철도와 광산에 쓰인 공공 지출은 이후 어느 노동당 정부 때보다 훨씬 더 많았다. 그리고 전쟁 이후 최초로 노동조합의 권리를 제약하는 법안을 발의한 것은 보수당 정부가 아니라 노동당 정부였다.

개혁과 반동의 패턴은 선거 결과나 정권 교체의 패턴과 같지 않다. 선출된 정부보다 훨씬 강하게 작용하는 다른 힘이 있다. 역대 노동당 정부는 모두 실업을 없애겠다거나 적어도 줄이겠다는 공약을 내걸고 집권했다. [그러나] 역대 노동당 정부는 모두 실업률을 더 높여 놓고 임기를 마쳤다.

'경기순환'의 오르내림, 자본주의의 '호황과 불황'은 어떤 정부가 집권하는지와 관계없이 움직인다. 경기변동은 경제법칙을 따른다. 의회에서 제정하는 법이 이 경제법칙에 미치는 통제력은 아주 미미하다. 정부가 실업자들에게 수당을 지급할 수도 있지만, 실업자의 처지는 기껏해야 최저임금을 받는 노동자보다도 궁색할 뿐이다. 정부가 실업자를 소수 고용하거나 교육할 수도 있다. 그러나 어느 정부도 파멸적인 경제체제의 규칙을 바꿀 수는 없다.

대처가 "시장을 거스를 수는 없다"고 말했을 때 그녀는 노동당만이 아니라 보수당의 무기력함도 설명하고 있었다. 1990년 5월, 갓 민영화된 철강 회사 브리티시스틸이 스코틀랜드에 있는 레이븐스크레이그의 압연 공장을 폐쇄하려 했을 때, 대처 정부는 나약한 스코틀랜드부 장관 맬컴 리프킨드를 보내서 공장 폐쇄를 만류하려 애썼다(이미 스코틀랜드에는 보수당 지지자가 많지 않다). 보수당의 민영화 정책 덕분에 출세한 브리티시스틸 회장은 자신의 전 후원자를 문전 박대했다. 그는 리프킨드에게 오만하게 말했다. "우리는 정부에 책임지지 않습니다. 주주들에게 책임질 뿐입니다." 시장이 원하지 않을 때는 대처도 리프킨드도 스코틀랜드의 일자리 1만 개를 지킬 수 없었다.

시장과 (시장이 만들어 낸) 계급투쟁이 사회의 우선순위를 정한다. 만약 완전고용 상태고 노동조합이 강력하다면 노동조합은 괜찮은 주거와 복지를 위해 싸운다. 이런 투쟁은 보수당 정부 아래에서도 노동당 정부 아래에서만큼 일어날 수 있다. 그러면 대중을 위한 주택·병원·학교가 건설된다. 사용자와 은행가가 그럴 여력이 있기 때문이다. 그러나 자본주의가 위기에 빠지면 사소한 개혁을 위한 전투도 격렬해진다. 실업은 노동조합을 약화시키고, 강하고 전투적이고 자신감을 가지는 쪽은 사용자가 된다.

당연히 사용자들은 보수당 정부를, 노동자들은 노동당 정부를 선호한다. 어느 쪽이든 자신들에게 적대적인 정부가 들어선다면, 앞으로 나아가기가 더 어려워지는 것은 당연하다. 그러나 노동계급이 강력하다면 보수당 정부한테서도 양보를 얻어 낼 수 있고, 지배계급이 자신만만하다면 노동당 정부를 혼란에 빠트릴 수 있는 것 또한 사실이다.

노동당 정부 아래에서 개혁이 꼭 성취되고야 말리라는 보장은 전혀 없다. 표가 집계되고 노동당의 집권이 확실해진 순간부터 경제 권력을 쥔 계급이 정부를 상대로 벌이는 거대한 전쟁이 시작된다. 그 형태는 매우 다양하다. 자본 소유자들의 투자 중단, 다국적기업의 파운드화 투매, 언론의 격렬한 캠페인, 군부·경찰·사법부의 저항 등. 1946년 이후에 그런 일이 많이 일어났다. 1966년과 1975년의 파운드화 투매는 당시에 갓 선출된 노동당 정부들의 노선 전체를 바꿨다. 1976년 판사들은 중등학교 평준화 문제와 노동조합들의 블래킹* 문제를 두고 반기를 들었다. 1967년 언론들은 노동당 해럴드 윌슨 정부에 반대해 악랄한 캠페인을 벌였다. 1974년 북아일랜드 주둔 영국군은 노동당 정부의 명령을 거부했다.

이건 단지 예시일 뿐이다. 그들의 행동 범위는 제한이 없다. 우리 계급의 적들은 할 수만 있다면 언제든, 노동당 정부 아래에서 도입된 보잘것없는 개혁마저 강탈할 것이다.

1968년 1월 해럴드 윌슨의 노동당 정부는 파운드화 평가절하 이후에 국제통화기금IMF과 공공 지출 삭감을 놓고 협상을 벌였고 이 협상은 거의 타결되는 듯했다. 공공 지출의 핵심 영역에서 수억 파운드를 삭감하는 방안 등이 논의됐다.

그러더니 국제통화기금은 매사추세츠 투자은행의 영리한 젊은 남자들을 보내 최종 요구를 했다. 국제통화기금은 의료 처방전 발행에 요금이 부과되기를 바랐다. 윌슨 정부는 다른 모든 지출을 삭감할 테니 그것만은 봐 달라고 애원하고 구슬렸다. 무상 의료는 노동당에게 신줏단지 같은 것이라고 애걸했다. 1964년에 윌슨 정부가 처음 집권해 도입한 정책들 가운데 가장 자랑스러운 것이 처방전 요금을 폐지한 것이었다. 전임

---

* 파업 노동자들에게 연대하기 위해 다른 부문 노동자들이 파업 사업장과 관련된 업무를 모두 거부하는 것.

노동당 정부 시절, [국민보건서비스를 도입한] 위대한 [보건부 장관] 어나이린 베번과 그를 지지한 윌슨이 처방전 요금 부과에 항의해 함께 장관직을 사임한 적도 있었다. 윌슨 정부는 간청했다. "제발, 처방전 요금만은 봐주면 안 되겠습니까?"

국제통화기금은 확실한 승리를 감지했고 노동당 정부를 사회주의 지지자 앞에서 망신 주는 것이 얼마나 중요한지를 잘 알았기 때문에, 꿈쩍도 하지 않았다. 처방전 요금은 약 800만 파운드로 전체 정부 지출을 놓고 보면 아주 적은 액수였을 뿐이지만, 국제통화기금은 그것을 고집했다. 노동당 정부는 굴복했다. 당시 장관들이 두 손 들고 항복하는 모습을 담은 훌륭한 초상화가 노동당 당사에 게시돼, 사회주의적 의견을 억눌러 차기 노동당 정부가 '작은 일'만 할 수 있게 만든 모든 사람에게 바쳐져야 한다.

개혁이 선거의 리듬이나 정부의 색깔이 아니라 계급의 자신감이 상승하는지 하락하는지에 따라 결정된다면, 노동당의 정책이 유약할수록 그 정책은 폐기될 가능성이 더 높다는 결론이 나온다. R H 토니(키넉의 예비 내각 전체보다 그의 새끼손가락 안에 있는 사회주의 사상이 더 크다고 할 수 있는 사회민주주의 사상가이자 저술가)는 언젠가 노동당 동료들한테 [양파는 한 꺼풀씩 벗겨서 먹을 수 있지만] 호랑이 가죽을 조금씩 벗겨 낼 수는 없다고 경고한 적이 있었다. 이어서 이렇게 말할 수도 있겠다. 당신의 머리를 호랑이의 아가리에 집어넣는다고 해서, 호랑이가 채식주의자로 바뀌는 것은 아니다.

토니의 호랑이 비유는 선거에 중심을 두는 풍조가 왜 잘못인지 그 핵심을 잘 보여 준다.

그것은 단지 개혁이 환상일 뿐일 수 있다는 것만도 아니요, 바라던 개혁을 성취하지 못하면 수많은 사회주의 지지자들이 환멸과 낙담을 느끼게 되리라는 것만도 아니다. 의회를 통한 개혁을 고수하면 변화를 위한 진정한 운동이 무장 해제된다는 것이다.

의회정치는 수동성을 낳을 수밖에 없다. 정치인들은 의회에서 다수당이 되려면 끊임없이 수동성을 설파해야 한다. 지배자에 맞서 사람들을 동원하는 항의 운동은 모두 의회주의 개혁가들의 평화로운 속도를 방해한다. 그들은 이론적으로는 얼마든지 대의를 옹호할 수 있겠지만 그 대의를 헌법의 틀 안에 넣어야 한다고 느낀다. 의회주의적 사회주의자는 수탈당하는 사람들이 쓸 수 있는 가장 효과적인 무기인 파업을 지독히도 싫어한다. 시위, 선동 심지어 선전과 사상도 마찬가지다. 의회활동의 핵심 원칙은 정치인들이 위로부터 가져오는 변화가 가장 효과적이라는 것이다. 그러므로 집권을 했든 안 했든 정치인들은 비정치인들이 잠자코 자신들을 따르는 것을 최선으로 여긴다.

그래서 1984~1985년 광원 파업 때 노동당 지도자들은 노동자들의 파업 열기를 식히려 애썼다. 그들은 파업 승리를 위해 꼭 필요했던 대중적 연대 행동을 만류했다. 광원들은 피켓라인에* 가지 말고 집에 머물러 있으라는 압력을 받았다.

마찬가지로, 1990년 초 인두세 도입에 맞선 거대한 선동도 노동당 지도자들에게 끊임없이 비난받고 모욕당했다. 3월 31일 벌어진 거대한 시위는 경찰의 공격에도 해산하지 않았다. 그런데 이 시위는 의회 내 모든 정당에게, 특히 노동당에게 공격받았다. 지방의회의 노동당 정치인들은 급성 정치적 조현병에 걸렸다. 한편으로 자신들도 인두세에 반대한다고, 인두세는 불공정하고 극악무도하고 (와트 타일러[1381년 농민 봉기의 지도자] 시대 이후) 가난한 사람들에 대한 가장 끔찍한 공격이라고 말했다. 다른 한편으로 지지자들에게 인두세를 내라고 촉구했고, 인두세를 내지 않으면 재산이 압류되고 벌금이 부과되고 심지어 수감까지 될 수 있다고 협박했다. 조현병 증세는 서서히 사라졌다. 노동당 지방의원들이 보수당 지방의원들보다도 더 인정사정없는 세금 징수관이 돼 버렸기 때문이다. 인두세를 내지 않고 맞서 싸우려는 사람들과, 인두세에 반대는 하

---

* 파업 불참자나 대체 인력의 작업장 출입을 막고 파업 참가자의 이탈을 막기 위한 대중적 통제 활동.

지만 다음 총선까지 가는 항해에서 노동당이라는 배를 흔들지 않으려는 결심으로 반대 의견을 억누르는 노동당 지도자들 사이의 골이 깊어졌다.

100여 년 전 로자 룩셈부르크가 예측한 것처럼, 노동당 지도자들은 같은 목표를 향하지만 더 부드럽고 온건하게 싸우는 사람들이 아니라, 투사들에 맹렬히 반대하는 사람들이 돼 버렸다.

지금까지 이 책의 주장을 읽으며 동의하던 많은 노동당원은 이제 다음과 같이 항변할 것이다. "우리는 운동을 파괴하려고 노동당에 있는 것이 아니다. 우리는 노동당을 바꾸고 동시에 투쟁하는 활동가와 파업 노동자를 지지하기 위해 노동당에 있는 것이다."

1990년 현재, 이런 사람들은 10년 전에 견줘 많이 줄어 조금밖에 없다. 1980년에는, 1974~1979년 노동당 정부의 행태에 혐오감을 느낀 수많은 사회주의자가 노동당을 바꾸려는 토니 벤의 깃발 아래 결집했다. 1981년 노동당 부대표 후보로 출마한 벤의 선거운동은 제2차세계대전 이후에 일어난 노동당 좌파 운동 중 사회주의자를 가장 많이 끌어당겼다. 1950년대 초 어나이린 베번이 연설한 집회들, 1950년대 말 '사회주의의 승리' 운동, 1960년대 초 '단결 호소' 운동 때보다 더 많은 사람이 모였다. 15만 명에 가까운 사회주의자가 토니 벤의 선거

운동을 적극 지지했다. 토니 벤은 노동당 부대표 선거에서 간발의 차이로 낙선했지만, 노동당의 내부 개혁 움직임은 큰 걸음을 내디뎠다. 당 대표 선거가 훨씬 더 민주적인 방식으로 조직됐고, 노동당 의원들은 총선 때마다 후보 재선출 과정을 반드시 거쳐야 했다. '청년 사회주의자들'이* 당내에서 새로운 힘과 영향력을 얻었다.

이 강력한 운동은 매우 빠르게 사라졌다. 일부는 패배를 인정하고 새 당 대표 닐 키넉과** 손잡았다. 대다수는 어딘가로 슬그머니 사라졌다. 어떻게 그 많은 사회주의자들이 그리도 빠르게 사라질 수 있었을까? 그들이 노동당 우파 지도자에게 적개심을 품었음에도 핵심 정치 전략은 노동당 우파 지도자와 같았기 때문이다. 그 전략은 사회를 위로부터 바꾸는 것이었다. [노동당 우파 지도자와 다른 점이 있다면] 더 사회주의적으로 변모한 노동당을 통해서 말이다. 그러나 그 새로운 노동당의 주된 전략 역시 국회의원이 돼 법을 통과시키는 것이었다. 따라서 1980년대 초 토니 벤 지지자들의 목표는 첫째도 둘째도 노동당의 변화였다. 거기에 자신들의 모든 노력과 열정을 쏟아부었다.

---

* 1965~1993년에 활동한 노동당 청년 조직.

** 1983~1992년 노동당 당 대표. 1980년대 노동당을 우경화하는 데 앞장섰다.

그러는 동안, 토니 벤 지지자들은 거의 알아차리지 못했지만, 기층의 노동계급 운동이 심각한 패배를 거듭하며 기진맥진해 있었다. 1980년대 초 불황기에 일자리 250만 개가 사라졌다. 해고 노동자들이 시위·점거·파업 등 온갖 종류의 항의 행동을 조직할 수도 있었을 테지만 그러지 못했다. 일부는 항의 행동을 조직했지만 대부분 패배했다. 노동조합 지도자들이 그 저항에 힘 싣기를 꺼렸기 때문이다. 노동당 당대회에서는 투쟁성이 크게 고양됐지만, 그 이면의 생산 현장에서는 투쟁성이 크게 하락하고 있었다.

그 결과, 노동조합의 패배에 이어 선거에서도 패배했을 때, 노동당 좌파는 그에 대처할 준비가 전혀 돼 있지 않았다. 그들의 변화된 노동당(비교적 좌파적인 강령을 가진)은 1983년 총선에서 완패했다. 노동당 우파 지도자들이 탈당해 창당한 신생 사회민주당이 자유당과 동맹을 맺고 26퍼센트를 득표했다. 노동당이 28퍼센트를 득표했는데 말이다. [노동당을 바꾸고자 한 토니 벤 지지자들의] 이 과정은 1985년 광원 파업의 패배로 끝이 났다.

벤 지지자들의 주된 활동 영역이 노동당이었기 때문에, 그리고 노동당이 패배의 바람에 맞춰 돛을 조종하고 신생 사회민주당의 우파적 옷을 훔쳐 오지 않으면 선거에서 이길 수 없다는 게 분명했기 때문에, 벤 지지자들은 갑자기 갈 곳이 없어졌다. 그중 다수는 영리하게도 자리를 옮겨 새 지도자 닐 키넉의 날개 밑에 별문제 없이 안착했고, 즉시 닐 키넉은 그들을 오른쪽으로 획 끌고 갔다. 또 다른 다수는 정치에서 완전히 떨어져 나갔다. 거의 유일한 생존자는 토니 벤 자신뿐이었다. 그는 장관이 되겠다던 야망을 버려 자신의 정치적 사기와 사회주의 신념을 유지했고, 여전히 노동당에 남아 아래로부터 투지를 고무하는 데 점점 더 관심을 기울였다.

이 책의 주제가 바로 아래로부터 타오르는 투지다. 사회가 사회주의적으로 바뀌려면, 자본주의가 사회주의로 대체되려면, 그 변화의 원천은 착취받는 사람들이 스스로 착취적 사회에 맞서는 투쟁이어야 한다. 변화가 오로지 위로부터만 올 수 있다는 생각에 골몰하는 것은 자본주의 옹호론 중에서도 가장 해악적이고 가장 오만한 주장을 수용하는 것이다. 다시 말해, 인류 역사에는 항상 사회를 통치할 능력을 갖춘 소수의 타고난 엘리트가 있고, 나머지 대부분의 사람들은 정부를 운영하거나 정치를 할 능력이 없으므로 엘리트의 어느 부문이 자신을 다스려야 할지 가끔 선택할 기회를 누리는 것만으로도 감지덕지해야 한다는 주장 말이다.

소수에게 [지배할] 권리가 있고 다수는 무지하고 무능하다는 가정은 인간 역사 내내 계급 지배의 전형적 특징이다. 의회의 교육받은 엘리트가 대중을 위해 무언가를 바꿀 수 있고 (노동당 당헌의 그 유명한 4조의 구절처럼) "산업의 과실을 … 노동자에게 보장"할 수 있다고 여기는 개혁가들은 사실은 가장 완고한 지배계급의 전사들이 정해 놓은 규칙을 따르고 그들과 같은 가정을 공유하는 셈이다. 둘 다 무엇이 다수에게 옳고 그른지는 깨우친 소수만이 결정할 수 있다고 여긴다.

그런 방식으로는 진정한 변화의 전망이 없으며, 모종의 변화가 이뤄지더라도 십중팔구 같은 과정을 거치며 뒤집힐 것이다. 개혁의 성취든 사람들의 태도 변화든, 진정한 변화는 착취받는 사람들 자신이 착취에 맞서 조직하고 싸울 때만 가능하다. 다시 반복하자면, 인류 문명의 유일하고도 진정한 희망인 노동해방은 자력 해방을 위한 투쟁으로만 성취할 수 있다.

사회주의자는 그런 투쟁을 지지하며 함께해야 한다. 사회주의자는 그들 자신, 자신들의 활동, 자신들의 선전을 조직해, 기존 사회에 대항하는 무기를 벼려야 하고, 싸울 태세가 된 소수의 자신감과 힘을 키워야 한다.

소수라는 단어에 매우 강한 반감이 들 수도 있겠다. 분명히 사회주의는 다수가 사회를 지배하고 통제해야 한다고 주장한다. 단연코 착취받는 사람들이 사회의 다수다. 그런데 어째서 사회주의자가 다수의 지지를 얻으려 하기보다 소수에 관심을 기울여야 한다고 주장하는가?

(사회주의자가 조직해야 하는) 소수는 능동적이지만 (선거

때 유세 활동 대상인) 다수는 수동적이기 때문이다. 수동적 다수는 항상 계급사회의 교묘한 술책, 특히 대중매체의 먹잇감이다. 능동적 소수는 (능동적이기 때문에) 그런 압력에 저항할 수 있고 새로운 사상에 반응하고 자신만의 사상을 창조할 수 있다.

수동적 다수는 자신이 들은 것, 신문에서 읽고 텔레비전에서 본 것을 거의 항상 수용한다. 오랫동안 좌파 사이에 유행하는 견해가 있는데, 사람들이 반동적 사상을 받아들이는 것은 오로지 대중매체의 책임이라는 것이다. 즉, 대중매체를 제한하고 통제하고 검열할 수만 있다면 사람들은 다르게 생각하리라는 것이다. 사실, 사람들이 반동적 사상을 받아들이는 것은 사회가 조직되는 방식에 그 뿌리가 있다. 마르크스는 다음과 같이 말했다.

> 물질적 생산수단을 지배하는 계급이 정신적 생산수단도 지배한다. 따라서 정신적 생산수단이 없는 사람들의 사상은 대체로 지배계급의 사상에 종속된다.

예를 들어 지배계급 사상가들이 가장 좋아하는 '사상'이 바로 '자유'다. 여기서 자유는 투표할 권리, 말할 권리, (만약 출판업자나 독자를 찾을 수 있다면) 자신이 좋아하는 글을 쓸 권리를 뜻한다. 또 이 자유는 다른 사람들을 이용해 돈을 벌 권리, 엄청나게 부자가 될 권리를 의미한다.

그러나 사회의 엄청난 빈부 격차가 [과거의] 제한선거권과* 꼭 마찬가지로 자유를 제약한다. 누구나 자신의 아이를 [특권적] 사립학교에 보내고 최고급 호텔에서 차를 마시고 주식시장에서 베팅할 '자유'가 있다. 지배계급 사상가들은 이런 '자유'를 투표할 권리보다 훨씬 더 강하게 옹호한다. 그러나 사실 이런 자유는 자유에 대한 제약이다. 누군가 최고급 호텔에서 차를 마실 때, 수많은 사람은 돈이 없어서 그렇게 하지 못한다. 10퍼센트의 사람들은 자신의 아이를 사립학교에 보내 (자신의 출신 배경인) 특권계급으로 곧장 향하는 길을 열어 줄 수 있지만, 나머지 90퍼센트의 사람들은 그럴 형편이 안 되기 때문에 그러지 못(하고 그렇게 하는 게 금지되기도) 한다.

따라서 자본주의 사회가 제공하는 '자유'는 자유의 대립물인 경우가 많다. 그러나 여전히 '자유' 사상은 팽배하다. 어느 사회든 지배적 사상은 그 사회를 지배하는 계급의 사상이기 때문이다.

그래서 그런 사상에 맞서 싸우는 사람들은 (파업, 시위, 대중행동을 하든 단지 주장을 하든) 항상, 거의 항상 시류를 거

---

* 자산을 기준으로 선거권을 제한하거나 투표수에 차별을 두는 제도였다.

스르고 있다. 이들은 소수다. 그러나 이 소수는 수동적 다수와 달리, 자신의 직접적 활동 범위보다 훨씬 멀리 있는 사람들을 [투쟁에] 참가시킬 수 있다. 그리고 일단 기존 사회에 맞선 투쟁에 참가하면 사람들의 생각은 크게 바뀔 수 있다.

1960년대 베트남연대운동은 의회나 수동적 다수의 도움이 전혀 없이도 베트남 전쟁에 대한 사람들의 태도를 바꾸는 데 크게 기여했다. 1970년대 반나치동맹은 파시즘에 맞서 싸울 태세가 된 청년들을 조직해 인종차별과 파시즘 운동이 성장하지 못하게 막아 냈다. 1990년 인두세 반대 운동은 의회가 외면하고 노동당 지도자들이 비난하고 경찰이 공격했지만, 납세 거부를 고무해 수많은 사람들을 인두세 반대 전투로 끌어들였다. 이런 사례와 전 세계에 무수히 많은 다른 사례에서, 능동적이고 투쟁하는 소수는 사람들의 물질적 조건과 사상을 진정으로 변화시킬 수 있다는 영감을 줬다.

투쟁하는 소수가 더 많은 것을 할 수도 있다. 러시아 혁명을 다룬 장에서 봤듯이 투쟁하는 소수는 다수가 될 수 있다. 사회주의자들이 선진적 소수에서 출발해 조직됐고 모든 노력을 대중의 투쟁 정신에 집중했기 때문에, 볼셰비키는 소비에트에서 멘셰비키를 제치고 다수가 될 수 있었고, 그렇게 해서 러시아 노동계급 다수의 지지와 마음을 얻을 수 있었다. 이런 상황에서, 오직 이런 상황에서만 자본주의 사회를 끝장내고 사회주의 사회로 대체할 수 있다. 투쟁하는 소수는 혁명을 통해서만 지배하는 다수가 된다.

혁명이라고? 오늘날 혁명은 [현실과] 동떨어지고 심지어 터무니없는 생각 아닐까? 오래전 프랑스와 러시아에서는 가능했지만, 오늘날에는 거의 상상하기 힘든 일 아닐까?

내 대답은 역사상 어느 사반세기만큼이나 지난 25년 동안에도[이 글이 쓰인 시점을 기준으로] 혁명적 상황이 많이 벌어졌다는 것이다. 예를 들어 1968년 프랑스에서는 학생 반란과 노동자 총파업이 벌어져 전 세계에서 가장 강력하고 자신만만하던 지배계급을 한동안 위협했다. 1974년 포르투갈에서 혁명이 일어났다. 1979년 이란에서도 혁명이 일어났다. 앞에서 봤듯이, 1981년 폴란드 노동자들은 정권을 거의 전복할 뻔했다. 네 나라 모두 계급 권력 구조 전체가 위험에 빠졌다. 네 나라 모두 대중의 혁명적 활동으로 새로운 사회체제, 즉 사회주의 체제의 가능성이 엿보였다.

[그러나] 네 나라 모두 대중은 패배했다. 혁명적 물결은 가라앉고 사회는 반동으로 되돌아갔다. 그 결과가 불가피한 것은 아니었다. 네 나라 격변에서 모두 빠져 있던 것은 노동계급의 투쟁 정신과 연결된 강력한 사회주의자 조직이었다.

네 나라 사회주의자의 압도 다수는 다른 나라와 마찬가지로 의회주의 전략에 기반을 두거나, 자국 공산당과 국가자본주의 소련에 기반을 두고 조직돼 있었다. 혁명적 상황에서는 두 형태의 조직 모두 취약하고 거의 무력하다는 게 드러났다. 그들은 대중과 함께 전진할 수 있는 능력도 의지도 경험도 없었기 때문에 반동 세력에게 주도권을 다시 내주는 [잘못된] 동맹 맺기와 전략을 추구했다. 지도자도 없고 새 사회로 나아가는 데 필요한 전략도 없었으므로 대중은 투쟁 속도를 늦췄다. 그 수혜자는 프랑스와 포르투갈에선 기존 사회민주주의 정당과 공산당이었고, 이란에선 광신적이고 미신적인 물라[이슬람 율법학자]였으며, 폴란드에선 국가자본주의의 전쟁 기구인 군부였다.

혁명적 상황에서는 사회 기층에서 벌어지는 투쟁과 (좋은 때나 나쁜 때나) 꾸준히 관계를 맺어 온 비교적 소규모의 조직된 혁명적 사회주의자가 차이를 만들 수 있다. 혁명이 기존 사회를 변화시키는 방향으로 전진할지 아니면 기존 사회를 지지하는 방향으로 후퇴할지 하는 차이 말이다.

사회주의는 혁명적 사상이고 언제나 그래야 한다. 만약 사회주의가 경제 권력을 탐욕스럽고 무책임한 소수 엘리트에게서 빼어 와 다수의 민주적 지배로 이전하는 것을 뜻하지 않는다면, 아무런 의미가 없을 것이다. 이런 권력 이전은 순순히 받아들여지지 않을 것이므로 혁명이 일어나야만 가능하다. 그래서 사회주의자는 혁명가여야 한다. 사회주의자는 자신들을 조직해야 하고, 진정한 변화 전망이 있는 유일한 곳, 즉 싸울 태세가 돼 있는 소수를 겨냥해 선전 활동을 해야 한다. 사회주의자의 성공을 판단하는 잣대는 이데올로기적으로 얼마나 순수한지가 아니다. 누가 더 허장성세를 부리는지도 중요한 게 아니다. 사회주의 사상을 모두 받아들이지는 못하더라도 싸울 태세가 돼 있는 사람들을 조직하고 고무할 능력이 있는지 없는지가 진정한 잣대다.

그 소수가 누구인지는 매년 매주 바뀔 수 있다. 계급사회의 역동성 때문에 대체로 예기치 않은 곳에서 새로운 투쟁이 계속 분출한다. 그런 투쟁 속에서, 자신을 예의 바른 준법 시민이라고 여기던 사람들이 과거에 자신이 존경하던 지배계급에 맞서 어느 날 갑자기 분연히 싸우게 된다. 이런 상황에서 사회주의자의 존재와 조직은 승패에 결정적일 수 있다. 사회주의자의 주요한 일은 인종·성별·종교·국가라는 경계를 넘어 투쟁을 확산하고 연결하는 것이다.

예를 들어, 투쟁적 광원들은 해외 석탄 수입을 위협으로 보고 수입 규제를 요구하는 경향이 있다. 그러나 사회주의자 광원은 남아프리카공화국·폴란드·미국·소련의 사회주의자 광원들을 가리키며 그들과 단결해 공통의 목표를 위해 싸울 수 있다. 이와 비슷하게, 투쟁적 노동자들은 흔히 인종차별적 주장에 혼란스러워한다. 자기 나라에 인구가 너무 많다거나 흑인을 내쫓아야 한다는 말을 수용하기도 한다. 사회주의 노동자는 백인 노동자와 흑인 노동자를 연결할 수 있고, 이주민은 영국 노동자와 꼭 마찬가지로 자본가의 장기판 말 신세인 또 다른 노동자일 뿐임을 지적할 수 있다.

투쟁하는 소수 사이에서 조직을 건설하는 사회주의자는 표를 잃을까 봐 전전긍긍하지 않고 오직 사회주의 사상을 굳건히 추구한다. 따라서 생각하는 대로 말하고 그에 따라 행동할 수 있다. 사회주의자의 정치는 형식과 내용 모두에서, 수동적 다수의 표를 긁어모으려는 사람들에게서 필연적으로 나타나는 기회주의적이고 대체로 인종차별적·민족주의적인 공문구와 다르다. 사회주의자는 노동계급의 삶을 크게 오염시키는 성차별에 소리 높여 반대할 수 있고, 동성애자를 옹호할 수 있고, '아일랜드 문제'에 대해 (400년 동안 불화와 고통만 낳은 영국은 아일랜드를 떠나라고 요구하는) 해결책을 내놓을 수 있다.

일상적 대화와 경험 속에서 부딪히는 이런 수많은 문제에 대해서, 소심하고 출세주의적인 정치인들은 수줍게 미소 짓거나 어깨를 으쓱하며 회피하고 싶어 한다('인기 없는' 쟁점에 끼어들었다가 표를 잃을까 봐 두려워하기 때문이다). 그 결과는 당연히 인종차별·성차별·민족주의(그리고 우리를 분열시키고 자신감을 떨어뜨리기 위해 우파 언론이 부추기는 모든 '사상')가 자라나고 번성하는 것이다.

마지막으로 요점은 다음과 같다.

사회주의가 아래로부터 사회 통제를 뜻하지 않는다면 아무런 의미가 없을 것이다. 아래로부터 행동만이 사회주의를 이룰 수 있다. 20세기 거의 내내, 사회주의가 위로부터 도입될 수 있다고 여긴 사람들(선의의 국회의원이든 맹목적이거나 잔혹한 스탈린주의자이든)이 사회주의 사상을 오염시켜 왔다. 이제 노동당 의원들은 표를 얻기에 급급해 '사회주의'라는 말을 빠르게 버리고 있다(사회주의 사상 자체는 버린 지 오래됐다). 스탈린주의는 죽었다. 세계를 지옥처럼 만드는 체제에 대한 분노가 곳곳에서 커지고 있다. 한국에서 벌어지는 맹렬한 파업, 중동에서 억압받는 팔레스타인 사람들이 벌이는 용감한 반란, 세계적 환경 파괴로 생겨난 새롭고 절박한 분노, 영국 전역의 인두세 반대 시위 등.

지금만큼 사회주의가 유의미한 때는 없었다. 진정한 사회주의, 아래로부터의 사회주의, 민주주의가 핵심 요소인 사회주의, 자본주의에 맞선 투쟁으로 쟁취하는 사회주의 말이다. 우리에겐 쟁취할 세계가 있으며, 지금은 사회주의자들이 주저함을 떨쳐 내고 세계를 쟁취할 수 있는 곳으로 조직하러 갈 때다.

부록

현대의 고전

사회주의의 두 가지 정신

옮긴이 해제

최일붕*

헬 드레이퍼(1914~1990)는 열여덟 살 때인 1932년 미국 사회당에 가입하면서 처음으로 사회주의 운동에 참여했다. 그리고 사망할 때까지 사회주의 언론 활동과 정치 활동을 계속했다. 그는 1930년대 중엽까지 세계에서 가장 앞서 나가던 사회주의 운동 중 하나인 미국 사회주의 운동이 뉴딜과 제2차세계대전과 매카시즘을 거치면서 거의 사라질 뻔하던 상황에서 그

---

* 노동자연대 운영위원이다. 지은 책으로는 《러시아 혁명: 희망과 좌절》(2017), 《자본주의 국가: 마르크스주의의 관점》(편저, 2015), 《사회민주주의 전통과 사회주의》(2015) 등이 있고, 옮긴 책으로는 《사회주의란 무엇인가?》(2013), 《레닌 평전1: 당 건설을 향해》(2010), 《고전 마르크스주의의 전통은 무엇인가?》(2005) 등이 있다.

전통을 지키고 발전시킨 몇 안 되는 사회주의자였다. 그 시기에 수많은 사회주의자들이 절망 속에서 운동을 포기하고 자신의 정치적 과거를 부정했다. 드레이퍼는 "미국의 꿈"에 투항하는 것을 거부했을 뿐 아니라 다른 형태의 절망, 즉 소련의 "현실 사회주의"에 굴종하는 것도 거부했다.

소련은 제2차세계대전 종전 이후 미국과 함께 양대 초강대국으로 떠올랐다. 드레이퍼는 1948년에 쓴 짤막한 기사에서 소련을 "제국"(소수민족 공화국과 위성국을 예속시켰다는 뜻에서)이자 "제국주의 열강"(다른 자본주의 대국과 제국주의적 경쟁을 했다는 뜻에서)으로 옳게 규정했다. 이렇게 보면 소련 "팽창주의"는 "완곡어"로, "현실을 외면하는" 용어법이라고 드레이퍼는 지적한다.

드레이퍼는 그의 정치적 선도자先導者 맥스 샤트먼을 좇아 소련을 "관료집산제"로 정의했다. 그리고 샤트먼이 1950년대에 우경화해 민주당을 지지함에 따라 그와 결별하고 심지어 샤트먼이 1960년대에 미국의 베트남전쟁을 지지했을 때도, 드레이퍼는 "관료집산제"라는 정의를 버리지 않았다. "관료집산제"라는 정의 자체에는 소련이 미국보다 열등한 사회라는 주장이 담겨 있지 않았다. 오늘날 보리스 카가를리츠키와 로버트 브레너가 지지하는 그 정의는 샤트먼에 의해서든 드레이퍼에 의해서든 이론상으로 충분히 발전되지 않은 채, 소련 생산의 비효율성을 강조하는 수준에 머물러 있었다.

그렇지만 소련의 생산이 서방의 시장경제보다 비효율적이었다면, 어째서 1930년대부터 1940년대까지는 소련의 경제가 미국 경제보다 훨씬 더 급속히 성장할 수 있었는지를 설명하지 못한다. 1930년대부터 1960년대까지 성장하던 경제가 1970년대에 성장이 둔화하고 1980년대에는 정체하다가 마침내 제도 붕괴 직전인 1980년대 말에는 마이너스 성장을 기록하는 수준으로까지 추락하는 장기적 경기순환 과정을 정의할 수 있는 용어는 자본주의밖에 없다. 물론 서방이 시장 자본주의라면 소련은 국가자본주의라는 형태상의 차이가 있기는 하다. 그러나 본질은 둘 다 대내적으로 노동계급을 착취하고 대외적으로는 서로 제국주의적 경쟁을 하는 자본주의라는 점을 드레이퍼는 보지 못했다.

1950년대 이후 버클리에서 신좌파(뉴 레프트) 조직자로 활동한 그가 1964년 창립한 독립사회주의자클럽ISC은 곧 뉴욕에 이어 다른 대도시로 조직을 확장함에 따라 1969년 국제사회주의자들IS로 확대 재편했다. 독립사회주의자클럽이라는 명칭 가운데 '독립'은 그 전까지 속해 있던 미국 사회당에서 독립했다는 의미다.

드레이퍼가 이 글을 쓴 것은 1966년 겨울이다. 어떤 잡지(《뉴 폴리틱스》)에 기고한 글이었는데도 그 뒤 여러 차례 인쇄를 거듭하며 소책자로 출판됐다. 그가 이 글을 집필하던 당시에는 영어권에서 관련 사료史料가 충분치 못해 불가피하게 서술이 불공정한 부분이 있다. 그것은 바뵈프에 관한 부분이다. 1980년대까지도 영어권에서 흔히 알려져 있기로는 바뵈프는 시기가 무르익지 않았는데도 쓸모없는 무장봉기 음모나 꾸민 블랑키의 선구자 격인 공상적 음모가였고, 실제로 그런 음모 조직(평등파의 음모)을 결성했고, 자신이 포함된 소수가 행동할 때 대중의 의사를 무시한 엘리트주의자였다는 것이다. 그렇지만 사회사학社會史學의 발달 덕분에 사회주의 역사가들이 발견한 '역사적 바뵈프'는 이와 상당히 달랐다.

1760년에 태어난 바뵈프는 1789년에 시작된 프랑스 대혁명 과정에서 투옥을 거듭하며 활약하다 1797년 마지막으로 체포돼 처형당했다. 당시 청년 장교였던 보나파르트가 그에 대한 탄압의 총책임자였다. 바뵈프가 이끈 단체에 '음모'라는 명칭을 붙여 준 건 바로 검찰이었다. 그 뒤 2세기가 넘도록 되풀이돼 온 국가의 사회주의자 탄압에서 언제나 그랬듯이, 탄압 때문에 불가피하게 비밀스럽게 활동해야 했던 사실은 무시된다. 그리고 바뵈프와 그의 동지들이 한 활동과 똑같은, 신문 등 정기간행물과 리플릿 등 유인물의 발행·배포·판매가 "음모 획책"으로 매도된다. 바뵈프와 그의 동지들이 구축하고 있던 조직에 만일 민중이 붙인 명칭 같은 게 있었다면, 그가 만들던 신문 이름을 따 '〈르 트리뷩 뒤 푀플〉(인민의 호민관) 그룹' 정도였을 것이다. 또 바뵈프는 테러를 한결같이 배격했고, 검찰 측 첩자가 바뵈프를 엮어 넣으려고 그에게 테러 행위를 제안했을 때(바뵈프는 그가 검찰 끄나풀인지 몰랐다) 단호하게 거절했다. 바뵈프와 그의 동지들에게 문제가 있었다면, 대중에게 조직을 개방하고 싶은 열의에 찬 나머지 오히려 필요한 음모를 경시함에 따라 보안이 취약해졌다는 점이다. 그 덕분에 검찰 측 증거가 사료로 풍부하게 남아 있는 것이다.

그럼에도 바뵈프는 창의성 있는 사상가였고 재능 있는 조직가였다. 그리고 그가 창립한 단체는 역사상 최초의 혁명적 사회주의 단체였다. 그의 강령이 아직 자본주의적 생산력이 발달하기 전에 제출됐다는 점에서 '공상적'이었던 건 사실이지만, 그 강령이 내포한 민주적 정신과 그가 조직한 활동들은 오늘날 변혁 운동이 물려받아야 할 전통이라고 할 수 있다.

소련 사회의 진정한 본질과 바뵈프에 대한 불가피했던 오해를 논외로 친다면, 핼 드레이퍼의 이 글은 자본주의에 반대하지만 그렇다고 해서 사회주의에 대해서는 확신이 없는 사람들에게 사회주의의 참뜻을 새겨 주는 데 손색이 없을 것이다.

현대의 고전

사회주의의 두 가지 정신

헬 드레이퍼

오늘날 사회주의의 위기는 사회주의가 뜻하는 의미의 위기다. 역사상 처음으로 세계 인구의 다수가 자국을 어떤 의미에서건 '사회주의'로 여기지만 지금처럼 '사회주의'가 아무런 의미도 담지 않은 적은 결코 없었다. 이 갖가지 '사회주의'의 공통 요소는, 소극적 측면에서 보면 반反자본주의다.* 적극적 측면에서 보면, 사회주의자를 자처하는 사람들의 서로 모순되고 양

원문: "The Two Souls of Socialism", *New Politics*, vol 5, no 1, winter 1966, pp 55~84.

* "옮긴이 해제"에서 지적했듯이 소련을 국가자본주의로 이해한다면 "갖가지 '사회주의'의 공통 요소"는 "반자본주의"가 아니라 반사유재산제도다.

립할 수 없는 사상들의 범위는 부르주아 세계 내 사상들의 분산 정도보다 더 넓다.

심지어 반反자본주의조차 점점 더 공통 요소가 아니게 됐다. 사회주의의 스펙트럼의 한 부분에서는 사회민주주 정당들이 사회주의 특유의 요구들조차 강령에서 완전히 삭제했으며 되도록 모든 분야에서 사기업을 유지하겠다고 공약한다. 가장 두드러진 예가 독일 사회민주당이다(더글러스 차머스는 최근 《독일 사회민주당》에서 "독일에서 사상·철학·사회운동으로서의 사회주의는 더는 정당이 대표하지 않는다"고 요약한다). 이런 정당들은 사회주의의 생명이 끝났다고 규정하고 완전히 개혁주의적인 사회민주주의 경향을 공식화한 지 오래다. 도대체 이 정당들이 어떤 의미에서 여전히 '사회주의적'인가?

세계의 또 다른 부분에는 공산주의 국가들이 있는데, 그 국가들이 '사회주의'를 자처하는 것도 소극적 측면에 기초를 두고 있다. 곧, 그곳에서는 자본주의의 사적 이윤 제도가 폐지됐으며 사유재산 소유자들이 지배계급을 이루고 있지 않다는 사실을 근거로 한다. 그러나 적극적 측면에서 보면 이 나라들에서 자본주의를* 대체한 사회·경제 체제는 카를 마르크스 시대

---

* 국가자본주의론에 따르면, "자본주의"가 아니라 사영 자본주의를 대체한 것이다.

에는 형성되지 않았던 유형의 체제, 즉 관료집산제다. 국가가 생산수단을 소유하지만, 국가는 누가 '소유'하는가? 분명 노동자 대중은 아니다. 노동계급은 착취당하고 자유가 없으며 모든 사회적·정치적 지배 수단에서 배제돼 있다. 새로운 지배계급, 곧 국가 관료들이 집산주의 체제를 지배한다. 다시 말해서, 관료집산제다. 국유화가 곧 '사회주의'라고 둘을 똑같이 여기지 않는 한, 이런 사회들이 도대체 어떻게 '사회주의' 사회일 수 있을까?

이 두 가지 자칭 사회주의[사회민주주의와 스탈린주의]는 서로 다르지만, 사실 자신들이 생각하는 것보다 공통점이 더 많다. 사회민주주의는 전형적으로 자본주의를 위로부터 '사회화'하는 것을 꿈꿔 왔다. 사회민주주의의 원리는 사회와 경제에 국가 개입을 늘리는 것 자체가 사회주의적이라는 것이다. 이것은 사회주의라 불리는 어떤 것을 위에서부터 아래로 하사한다는, 그리고 사회주의와 국유화를 똑같은 것으로 여기는 스탈린주의 개념과 숙명적인 혈연적 유사성을 갖는다. 둘 다 사회주의 사상의 모호한 역사에 뿌리를 두고 있다.

그 뿌리로 돌아가 보자. 이 글은 새로운 방식으로 사회주의의 의미를 역사적으로 탐구하는 것을 목적으로 한다. 항상 '여러 가지 사회주의'가 존재했으며, 관례적으로 개혁주의적/혁명적, 평화적/폭력적, 민주적/권위주의적 등으로 나눠 왔다. 그렇지만 여기서는 좀 더 근본적으로 다르게 나눠 보겠다. 사회주의 운동과 사상의 역사를 통틀어 봤을 때 근본적 구별은 위로부터 사회주의와 아래로부터 사회주의다.

서로 다른 여러 형태의 '위로부터 사회주의'를 결합시키는 요소는, 사회주의라는 것(사실은 사회주의의 그럴싸한 모조품)이 사실상 대중의 통제를 받지 않는 지배 엘리트에 의해 이러저러하게 축복받은 대중에게 하사돼야 한다는 생각이다. '아래로부터 사회주의'의 진수는 사회주의가 행동으로 나서는 대중의 자력 해방을 통해서만 실현될 수 있으며, 대중은 오로지 자신의 힘으로만 자유에 도달할 수 있고, 역사 무대에서 행위 주체로서(단지 행위 대상이 아니라) 자신의 운명을 책임지기 위한 투쟁에 '아래로부터' 참여해야 한다는 견해다. "노동계급의 해방은 노동계급 스스로 쟁취해야 한다." 이것은 마르크스가 작성한 제1인터내셔널 규약의 첫 문장이며, 그가 평생 활동에서 최우선으로 삼은 원리다.

공산당 독재의 채용을 '사회주의'의 한 유형으로 인정하는 것은 위로부터 사회주의 개념이다. 위로부터 사회주의 개념은 사회민주주의자의 관심을 사회의 의회제 상부구조와 경제의 "관제 고지"* 장악에 집중시키며, 이 때문에 그들은 아래로부터

* 전력, 가스, 석유, 석탄, 철강, 교통 등 경제의 기초가 되는 산업을 일컫는다.

터 대중행동에 반하는 행동을 한다.* 사회주의 역사에서 득세한 전통은 바로 위로부터 사회주의다.

사실, 위로부터 사회주의가 사회주의에만 독특한 것은 아니다. 오히려, 위로부터 해방에 대한 동경은 여러 세기에 걸친 정치적 억압과 계급사회를 거쳐 널리 퍼진 원리다. 그것은 민중이 보호받을 필요성에서 스스로 벗어나기보다는 보호받기를 계속 기대하게 만들려고 모든 지배 세력이 내놓은 상시적 약속이다. 민중은 왕이 영주의 부정행위를 바로잡아 주기를, 그리고 구세주가 왕의 폭정을 폐지해 주기를 기대했다. 아래로부터 대중행동이라는 대담한 방법을 사용하기보다는 민중을 잘 다스릴 '좋은' 지배자를 찾는 것이 항상 더 안전하고 분별 있는 태도였다. 위로부터 해방이라는 방식이 문명의 역사 전체를 관통해 왔으며, 마찬가지로 사회주의 전통 내에서도 그런 방식의 해방이 주장됐다. 그러나 근대 사회주의 운동에 와서는 비로소 아래로부터 해방이 현실적 염원이 됐다. 사회주의 전통 내에서 아래로부터 해방이 부각돼 왔지만, 간헐적으로만 그랬을 뿐이다. 사회주의의 역사는 사회주의 자체를 과거의 전통, 곧

---

* 사회민주주의는 크게 주류 사회민주주와 좌파적 사회민주주의로 구분된다. 둘 다 노동계급의 자력 해방이 아니라 자신들이 민중을 대리한다는 원칙을 갖고 있다. 그러나 좌파적 사회민주주의자들은 변화를 위한 수단으로 대중행동도 사용한다는 점에서 주류 측과 좀 다르다고 할 수 있다.

위로부터 해방의 전통에서 벗어나게 하려는 끊임없는 그러나 대체로 실패한 노력으로 해석할 수 있을 것이다.

지금의 사회주의의 위기는 사회주의 전통의 이런 대분열이라는 맥락에서만 이해할 수 있다는 생각에서 우리는 사회주의 내 두 가지 정신의 몇 가지 예를 살펴보고자 한다.

사회주의의 '시조들'

제2인터내셔널의 지도적 이론가 카를 카우츠키는 토머스 모어[1478~1535]를 다룬 저작에서 사회주의의 역사를 시작한 위대한 인물 2명이 토머스 모어와 토마스 뮌처[1489~1525]이며 이 두 사람이 "리쿠르고스와 피타고라스에서 플라톤, 그라쿠스 형제, 카탈리나, 예수에 이르는 사회주의의 오랜 전통을 계승한다"고 주장하며 논의를 시작한다.

이것은 매우 인상적인 초기 '사회주의자' 명단이다. 더구나 그의 위치로 봐서, 카우츠키는 어떤 사람을 봤을 때 사회주의자인지 아닌지 판단할 만한 능력은 틀림없이 있었을 텐데 말이다. 이 명단을 검토해 보면 매우 상이한 두 집단으로 나뉜다는 것을 알 수 있다. 상당히 흥미로운 방식으로 말이다.

플루타르코스가 쓴 리쿠르고스 전기에 따라 초기 사회주의자들은 리쿠르고스를 스파르타 '공산주의'의 건설자로 받아들였다. 이것이 카우츠키가 리쿠르고스를 명단에 집어넣은 이유다. 그러나 플루타르코스가 기술한 것을 보면, 스파르타 체제는 토지의 균등 분할과 그것의 사적 소유를 기초로 했다. 이것은 결코 사회주의적이라고 할 수 없다. 스파르타 체제 묘사에서 받을지도 모르는 '집산주의' 느낌은 다른 쪽에서 오는 것이다. 즉, 다른 나라들에 둘러싸인 나라에서 잘 훈련된 상비군으로 조직돼 있던 스파르타 지배계급의 생활 방식에서 비롯한 것인데, 헬롯(노예)들에게는 폭압적 체제가 강요됐다는 점을 여기에 덧붙여야 한다. 어떻게 현대 사회주의자가 리쿠르고스 체제에 관한 저술들을 읽으면서 자신이 접하고 있는 것이 사회주의의 시조가 아니라 파시즘의 시조라는 생각이 안 드는지 도무지 이해가 안 된다. 정말이지, 사회주의와는 아무런 공통점도 없다! 그러나 도대체 어떻게 이런 차이가 사회민주주의의 지도적 이론가인 카우츠키의 눈에는 보이지 않았을까?

피타고라스는 대중 민주주의 운동을 공격하는 토지 소유 귀족의 정치적 무기 구실을 한 엘리트 수도원을 세웠다. 피타고라스와 그의 종파는 결국 혁명적 민중 봉기로 타도돼 쫓겨났다. 카우츠키는 바리케이드의 반대편에 서 있는 듯하다. 게다가 피타고라스의 수도원은 완전히 권위주의적이고 엄격한 통제를 실시하는 체제가 지배하고 있었다. 그런데도 카우츠키는 조직된 피타고라스 학파가 공동 소비를 실천했다는 믿음 때문에 피타고라스를 사회주의의 시조로 여겼다. 설사 그것이 사실이라 할지라도(나중에 카우츠키는 이것이 사실이 아님을 알게 됐다) 이런 소비 방식은 피타고라스 수도원을 정확히 여느 수도원 정도의 공동체로 만들었을 것이다. 카우츠키의 목록에 있는 전체주의의 두 번째 시조라 할 수 있다.

플라톤의 《국가》에 관해서는 충분히 잘 알려져 있다. 플라톤의 이상理想 국가에서 유일한 '공산주의적' 요소는 관료와 군대를 이루는 소수 정예 '수호자들'의 금욕적 공동 소비 규율이다. 그러나 그들을 둘러싼 사회체제는 사유재산제도이지, 사회주의적인 것이 아니다. 그리고 (여기에서 다시 한 번 지적하자면) 플라톤의 국가 모형은 귀족 엘리트의 정부이며, 플라톤은 민주주의가 반드시 사회를 타락시키고 황폐시킨다고 강조한다. 사실 플라톤의 정치적 목적은 민주주의의 흐름과 싸우기 위해 귀족 지배 체제를 정화함으로써 부흥시키는 것이었다. 플라톤을 사회주의의 시조라고 부르는 것에서, 사회주의를 어떤 종류의 민주적 통제와도 전혀 관계없는 것으로 보는 [카우츠키의] 사회주의 개념을 엿볼 수 있다.

다른 한편, 카탈리나와 그라쿠스 형제는 집산주의적 측면이 결코 없었다. 그들의 이름은 기존 제도에 맞선 대중의 민주적 봉기 운동과 관련돼 있다. 그들이 사회주의자가 아닌 것은 분명했지만, 고대 세계의 계급투쟁에서 그들은 민중의 편에, 아래로부터의 대중운동 편에 서 있었다. 이런 차이가 이 사회민주주의 이론가[카우츠키]에게는 중요하지 않았던 듯하다.

바로 여기서, 우리가 다루는 선사先史시대 사회주의 운동의 성전에 모셔야 할 인물에는 두 유형이 있음을 알 수 있다. 그 한 유형은 (전하는 바에 따르면) 집산주의 냄새는 풍겼지만, 철저히 엘리트주의적이고 권위주의적이고 반민주주의적인 인물이었다. 그리고 또 다른 유형은 집산주의적 요소는 조금도 없었지만, 민주적 계급투쟁에 찬성한 인물이었다. 민주주의 없는 집산주의 경향과 집산주의 없는 민주주의 경향은 있었지만, 아직 이 두 조류를 통합한 것은 없었던 것이다.

독일 종교개혁의 혁명적 좌파의 지도자였던 토마스 뮌처에 와서야 비로소 우리는 그런 통합의 낌새를 찾아보게 된다. 즉, 심화된 아래로부터 대중 민주주의 투쟁에 개입하는, (뮌처의) 공산주의 사상의 영향을 받은 사회운동을 발견하게 된다. 반대의 경우가 바로 토머스 모어 경이다. 같은 시대를 산 이 두 사람 사이의 큰 격차가 우리 주제의 핵심이다. 모어는 자신의 저서 《유토피아》에서 사회주의적 민주주의보다는 [조지 오웰의] 《1984년》을 생각나게 하는 철저한 통제 사회, 다시 말해 철두철미 엘리트적이며 노예 소유까지도 허용하는 전형적인 위로부터 사회주의를 그린다. 근대 세계의 문턱에 서 있는 이 두

'사회주의의 시조' 가운데 한 사람(모어)이 다른 한 사람(뮌처)을 몹시 싫어해서, 그 사람을 죽이고 그 사람이 이끈 운동을 끝장낸 사형집행인을 지지한 것은 놀라운 일이 아니다.

그러면 사회주의는 어떤 뜻을 지니고 처음 세상에 태어났는가? 그 태동기부터 사회주의는 두 가지 정신으로 분열했고, 그 둘 사이에서는 전쟁이 벌어졌다.

최초의 근대 사회주의자들

근대 사회주의는 프랑스 대혁명[1789~1794년]과 1848년 혁명 사이의 반세기 동안에 태어났다. 근대 민주주의도 마찬가지였다. 그러나 이 양자는 샴쌍둥이처럼 불가분의 관련을 갖고 태어난 것은 아니다. 처음에는 서로 다른 길을 따라 발전했다. 언제 이 두 길이 서로 만나게 됐을까?

프랑스 대혁명의 잔해에서 서로 다른 두 가지 사회주의가 나타났다. 우리가 던진 물음에 비춰 가장 중요한 3명을 눈여겨볼 것이다.

(1) 바뵈프

프랑스 혁명의 막바지 국면에 나타난 최초의 근대 사회주의 운동은 바뵈프('평등파의 음모')가 지도했는데, 이것은 혁명적 자코뱅주의에 공산주의적 평등 사회라는 좀 더 일관된 사회적 목표가 더해진 것이다. 이것은 근대 최초로 사회주의 사상과 대중운동이 맺어졌음을 나타내는 것으로, 중대한 결합이다.*

이런 결합은 곧바로 결정적 문제를 내놓았다. 곧, 사회주의 사상과 대중운동 사이의 관계는 정확히 무엇인가 하는 것이다. 이것이 그 뒤 200년 동안 사회주의의 핵심 문제다.

바뵈프 추종자들은 이 문제를 이렇게 봤다. 민중의 대중운동은 이미 실패했으며, 그들은 혁명에 등을 돌린 듯하다. 그러나 민중은 여전히 고통받고 있으며, 여전히 공산주의는 필요하다. 우리는 그것을 알고 있다. 민중의 혁명 의지는 우파의 음모로 패배했다. 우리에게 필요한 것은 민중의 운동을 복원하고 혁명 의지를 실현하기 위한 좌파 비밀 결사다. 따라서 우리는 권력을 잡아야 한다. 그러나 민중은 이제 더는 권력을 잡을 준비가 돼 있지 않다. 그러므로 우리가 민중의 이름으로 권력을 잡아야 할 필요가 있으며, 이것은 민중이 권력을 잡을 수 있는 수준까지 그들을 끌어올리기 위한 것이다. 이것은 명백히 소수

---

* 엄밀히 말해서, 이런 결합은 [17세기] 영국 혁명의 좌파인 제라드 윈스탠리와 '참수평파True Levelers'[디거파]가 먼저 제창한 바 있다. 그러나 역사적으로는 잊히고 단절됐다 — 지은이.

의 잠정적 독재를 뜻한다. 그러나 이런 독재는 '교화적 독재'가 될 것이고, 미래의 민주적 통제를 가능케 만들 조건의 창출을 목표로 한다(이런 뜻에서 우리는 민주주의자다). 이것은 파리 코뮌 같은 프롤레타리아 독재는 물론, 민중의 독재도 아닐 것이다. 솔직히 말해서 매우 훌륭한 의도를 지닌, 민중에 대한 독재가 될 것이다.

민중에 대한 '교화적 독재'라는 생각은 그 뒤 50년 동안 혁명적 좌파 — B로 시작하는 이름을 가진 세 사람(바뵈프, 부오나로티, 블랑키)과 아나키스트적 장광설을 늘어놓는 바쿠닌 — 의 강령에 있었다. 고통받는 민중에게 한 무리의 혁명가들이 새로운 질서를 하사하리라는 것이다. 이런 전형적인 위로부터 사회주의는 혁명적 사회주의의 최초이자 원시적인 형태이지만, 오늘날까지도 이것이 혁명 사상의 마지막 결론이라고 생각하는 카스트로주의자와 마오쩌둥주의자가 있다.

(2) 생시몽

혁명기에 모습을 드러낸 천재 한 사람은 전혀 다른 노선을 채택했다. 생시몽은 혁명과 무질서와 혼란에 대한 강한 혐오감에 사로잡혀 있었다. 그의 흥미를 끈 것은 산업과 과학의 잠재력이었다.

생시몽의 전망은 평등·정의·자유·인권 또는 이와 비슷한 정열 따위와는 아무런 관련도 없었다. 생시몽은 그런 생각들과는 동떨어진 근대화·산업화·계획에 기대를 걸었을 뿐이다. 계획에 따른 산업화야말로 새로운 사회를 여는 열쇠였으며, 이것을 달성해야 할 사람들은 금융가·사업가·과학자·기술자·경영자로 이뤄진 소수의 우두머리들이었다. 이들에게 기대를 걸고 있지 않았을 때, 생시몽은 나폴레옹과 그의 후임자 루이 18세에게 왕정 독재를 세울 계획을 실행해 달라고 요청했다. 그의 계획은 바뀌었지만, 그 계획은 입안된 마지막 조항에 이르기까지 철두철미하게 권위주의적이었다. 논리 정연한 인종차별주의자이자 호전적 식민주의자였던 생시몽은 평등과 자유 이념을 맹렬히 적대했는데, 그는 이런 이념을 프랑스 혁명의 소산이라고 증오했다.

자신들의 의무를 다해 새로운 근대적 과두 지배 체제를 떠맡아야 할 천부적 엘리트들의 반응에 실망한 생시몽이 아래로 내려와 노동자들에게 호소하기로 방향을 바꿨을 때, 이미 그의 생애는 막바지(1825년)였다. [생시몽이 말년에 구상한] '새로운 그리스도교'는 대중운동이었지만 그 구실은 기껏해야 최고위 당국자들을 설득해서, 생시몽의 계획을 입안하는 추종자들의 조언에 귀를 기울이도록 하려는 것이었다. 노동자들은 노동조합을 만드는 것으로 돼 있는데, 그 목적은 자신들의 고용주와 자본가들에게 '게으른 계급들'[귀족과 성직자]한테서 권력을 넘겨

받으라고 청원하기 위해서였다.

그러면 생시몽은 자신이 설계한 계획 사회와 대중운동의 관계를 어떻게 생각했는가? 민중과 민중의 운동은 (누군가의 수중에서 놀아나는) 파성퇴破城槌[성벽을 부수는 데 쓰인 무기]로서 유용한 것이었다. 생시몽이 말년에 가졌던 사상은 **위로부터 사회주의를 실현하기 위한** 아래로부터 운동이었다. 그러나 권력과 통제력은 늘 있던 곳, 다시 말해 위에 남아 있어야 했다.

(3) 공상가들

[프랑스] 혁명 이후 세대에 나타난 세 번째 유형의 사회주의는 엄격한 의미의 공상적 사회주의자들(로버트 오언, 샤를 푸리에, 에티엔 카베 등)이 꿈꾼 것이었다. 그들은 자애로운 정권의 보호를 받으며 인정 많은 부자들의 도움으로 재정을 충당하는 이상적 공동체의 청사진을 그렸고, 이는 지도자의 머릿속에서 완전히 성숙한 형태로 구상됐다.

그들 가운데 오언은 (여러모로 가장 동정심이 많았고) 공상가의 범주에 가장 잘 들어맞는 사람이었다. "이런 위대한 변화는 … 부자와 권력자에 의해 달성돼야 하며, 그리될 것이다. 어떤 집단도 이런 일을 할 수는 없다. … 가난한 자들이 부자와 권력자에 맞서 싸우는 것은 시간과 재능과 돈의 낭비다." 당연히 오언은 계급투쟁, [오언의 표현을 빌면] "계급 증오"에 반대했다. 이렇게 생각하는 많은 사람들 가운데, 이 "사회주의"의 목적은 "가장 뛰어난 의사들이 시설이 가장 좋은 정신병원에서 환자들을 끈기 있고 친절하게 다스리고 치료하는 것처럼 … 가장 불합리한 현존 사회체제의 부조리와 불공평 탓에" 불행해진 사람들을 위해 "사회 전체를 다스리고 치료하는 것"이라고 오언처럼 노골적으로 말한 사람은 없었다.

카베가 구상한 공동체는 선거는 허용하나 자유로운 토론은 허용하지 않았다. 언론 통제, 체계적 교화, 철저히 통제되는 획일성이 법규의 일부로 남아 있어야 했다.

이 공상적 사회주의자들은 사회주의 사상과 대중운동의 관계를 어떻게 봤는가? 이들에게 대중은 훌륭한 양치기의 보살핌을 받아야 하는 양 떼였다. [따라서] 위로부터 사회주의가 언제나 잔혹한 독재정치를 뜻한다고 생각해서는 안 된다.

위로부터 사회주의의 이런 관점이 사라진 것은 결코 아니다. 그러기는커녕 현대까지도 남아, 마르틴 부버[1878~1965, 실존주의 철학자이자 시온주의자]는 《유토피아의 길》이라는 책에서 옛 공상가들을 마치 위대한 민주주의자나 "자유 수호가"인 것처럼 다루는 재주를 부렸다! 이런 신화는 은근히 널리 퍼져 있는데, 이것을 보면 사회주의의 두 가지 정신 중 우세한 조류인 위로부터 사회주의의 뿌리 깊은 기록에 사회주의자 저술가·역사가들이 터무니없이 둔감하다는 사실을 다시 한 번 알 수 있다.

마르크스의 업적

공상주의는 속속들이 엘리트적이며 반민주적이었다. 왜냐하면 공상이었기 때문이다. 다시 말해서, 미리 만들어 놓은 모형의 규칙, 곧 가공의 계획이 실현되기를 기대했기 때문이다. 무엇보다도 공상주의는 자유를 갈구하는 대중의 반란으로 아래로부터 사회를 변혁한다는 생각에 천성적으로 적대적인데, 상층에 압력을 가하고자 결국 대중운동이라는 수단에 의지하는 경우에조차 그렇다. 마르크스 이전에 전개된 사회주의 운동에서는, 사회주의 사상이라는 길과 아래로부터 민주주의라는 길이 어디에서도 서로 만나지 못했다.

이런 교차, 다시 말해서 종합은 마르크스의 위대한 공헌이었다. 《자본론》의 전체 내용도 이것에 대면 부차적이다. 사회주의 사상과 아래로부터 민주주의의 종합이야말로 마르크스주의의 정수다. "이것이 법칙이며 나머지는 모두 주석이다." 1848년에 출판된 《공산당 선언》은 (엥겔스의 표현에 따르면) "맨 처음부터, 노동계급의 해방은 노동계급 자신의 행동이어야 한다는 견해를 가진" 최초의 운동에 대한 자각을 드러낸 것이었다.

마치 인간의 태아가 아가미 단계를 거치듯이, 청년 마르크스도 훨씬 원초적인 단계를 거쳤다. 이것을 달리 설명하자면,

그는 하필이면 당시에 널리 퍼져 있던 '구세주 전제군주'에 대한 환상이라는 병에 걸림으로써 [위로부터 사회주의에 대한] 최초의 면역성을 얻었다. 마르크스가 22살 때, 늙은 황제가 죽고 프리드리히 빌헬름 4세가 자유주의자들의 찬양 속에 위로부터의 민주적 개혁에 대한 기대를 모으며 즉위했다. [그러나] 그런 일은 결코 일어나지 않았다. 마르크스는 다시는 그런 생각을 되풀이하지 않았으나, 거의 모든 사회주의자가 지금까지도 이런 생각에 홀려서 [스탈린이나 마오쩌둥 같은] '구세주 독재자'나 '구세주 주석'에 기대를 건다.

마르크스는 공업지구 라인란트에서 자유민주주의 극좌파 기관지의 편집자로 정치에 입문해, 곧 독일의 완전한 정치적 민주주의를 가장 앞장서서 주장하는 대변인이 됐다. 그의 첫 논설은 국가의 모든 검열로부터 출판의 무조건적 자유를 지지하는 것이었다. 제정 정부는 [신문사 소유주에게] 마르크스를 해고하라는 압력을 넣었고, 그 즈음에 마르크스는 프랑스에서 건너온 새로운 사회주의 사상에 관해 좀 더 많은 것을 알게 됐다. 지도적 자유민주주의 대변인에서 사회주의자로 바뀌었어도, 마르크스는 여전히 민주주의 옹호를 자신의 임무로 생각했다. 물론 이제는 민주주의가 더 깊은 뜻을 갖게 됐지만 말이다. 마르크스는 자유민주주의를 위한 투쟁을 통해 사회주의자가 된 최초의 사회주의 사상가이자 지도자였다.

마르크스는 1844년에 쓴 원고에서* 인간의 개성을 부정하는 기존의 "천박한 공산주의"를 거부했으며, 공산주의는 "완전하게 발전한 휴머니즘"이 돼야 한다고 역설했다. 1845년 마르크스와 엥겔스는 브루노 바우어가 대표하고 있던 사회주의 조류의 엘리트주의를 반박하는 일련의 주장을 완성했다. 그들이 망명지 브뤼셀에서 '독일 민주 공산주의자' 그룹을 결성하고 있던 1846년 당시 엥겔스는 이렇게 썼다. "민주주의와 공산주의는 우리 시대에는 하나다. … 오로지 프롤레타리아만이 공산주의적 민주주의의 깃발 아래 진정한 형제애를 이룰 수 있을 것이다."

마르크스와 엥겔스는 새로운 공산주의 사상을 민주주의에 대한 새로운 염원과 결합하는 관점을 최초로 만들어 내면서, 바이틀링처럼 구세주 독재를 꿈꾸던 기존 공산주의 종파들과 싸우게 됐다. 나중에 공산주의자동맹(마르크스와 엥겔스는 이 조직을 위해 《공산당 선언》을 집필했다)이 된 단체에 가입하기에 앞서서, 그들은 다음 사항을 가입 조건으로 내세웠다. 곧, 낡은 유형의 소수 정예 음모 조직에서 벗어나 공공연한 선전 단체가 돼야 하고, "미신적인 권위주의 경향의 조항은 모

* 마르크스가 1844년 4~8월에 쓴 원고는 1932년에 《1844년 경제학·철학 원고》로 처음 출판됐다.

두 규약에서 삭제돼야 하며," 지도 위원회를 "위로부터 결정" 하던 관례와는 반대로 구성원이 선출해야 한다는 것이었다. 마르크스와 엥겔스는 공산주의자동맹을 설득해서 자신들의 새로운 제안을 받아들이게 했고, 《공산당 선언》이 나오기 겨우 몇 달 전인 1847년에 발행된 잡지에서 그 조직은 다음과 같이 밝혔다.

> 우리는 개인의 자유를 파괴하려고 하는 공산주의자들이 아니다. 그들은 세계를 거대한 병영이나 대규모 감화원으로 바꾸고 싶어 한다. 분명히, 어떤 공산주의자들은 개인의 자유를 지지하기를 주저 없이 거부하고, 개인의 자유가 완전한 화합을 방해하는 장애물이라고 보기 때문에 그것을 세계에서 없애 버리고 싶어 한다. 그러나 우리는 자유를 평등과 바꾸고 싶은 생각이 추호도 없다. 우리는 … 공동 소유에 바탕을 둔 사회보다 더 확실하게 개인의 자유가 보장되는 사회 질서는 없으리라고 … 확신한다. … 각각의 당파가 말과 글로 다수를 설득해서 자신의 생각을 받아들이게 할 수 있는 민주국가를 건설하기 위해 노력[하자 — 지은이.]

이런 논쟁의 성과물로 출간된 《공산당 선언》은 혁명의 첫째 목적이 "민주주의 전투에서 이기는 것"이라고 선언했다. 2년 뒤, 1848년 혁명이 쇠퇴하고 나서 공산주의자동맹이 분열했을 때, 마르크스와 엥겔스는 다시 한 번 무력 정변 노선이라는 "천박한 공산주의"와 싸웠다. 이 노선은 자각한 노동계급의 현실 대중운동을 제한된 혁명가 조직으로 대체하려고 했다. 마르크스는 그들에게 다음과 같이 말했다.

> 소수파는 … 실제 관계 대신에 의지만을 혁명의 동력으로 삼습니다. 반면에, 우리는 노동자들에게 이렇게 말하지요. "여러분은 현재 상황을 변화시키기 위해서뿐 아니라 여러분 자신을 변화시켜 정치적 지배를 감당하기에 적합하도록 만들기 위해서, 15년에서 20년 또는 50년 동안의 내전과 국제전을 치러야 할 겁니다." 반면에, 당신들은 노동자들에게 이렇게 말하지요. "우리는 당장 권력을 잡아야 합니다. 그러지 못할 바에는 가서 잠이나 자는 게 나을 겁니다" 하고요.

"여러분 자신을 변화시켜 정치적 지배를 감당하기에 적합하도록 만들기 위해서." 바로 이것이 노동자들은 언제라도 권력을 잡을 수 있다고 말하는 사람들과 결코 권력을 잡을 수 없다고 말하는 사람들 둘 다에 반대해서 마르크스가 내놓은 노동계급 운동의 강령이다. 따라서 마르크스주의는, 박애주의적인 공상적 사회 개혁 운동가나 부르주아 자유주의자뿐 아니라, '교화적 독재'나 '구세주 독재자'의 주창자, 혁명적 엘리트주의자, 공산주의적 권위주의자에 맞선 목적의식적 투쟁 속에서 태어났다. 바로 이것이 마르크스의 마르크스주의다. 자본주의와 타협할 줄 모르는 마르크스의 혁명적 정신에 내심 거부감을 느끼는 '마르크스주의자' 교수들, 그리고 마르크스가 자기네 같은 유형의 '사회주의'에 맞서 싸우면서 사상을 가다듬었다는 사실을 감춰야 하는 스탈린·마오쩌둥주의자들이 만들어 놓은 우스꽝스러운 괴물은 마르크스의 마르크스주의가 아니다.

"민주주의와 사회주의라는 두 사상을 마침내 단단하게 묶어 놓은 사람은 바로 마르크스였다."* 왜냐하면 그 둘을 처음으로 종합할 수 있게 해 준 이론을 발전시킨 사람이 마르크스였기 때문이다. 이런 마르크스주의 이론의 핵심은 이렇다. 체제를 변화시켜야 할 이해관계와 동기를 갖는 사회의 다수 집단이 있으며, 사회주의의 목표는 이런 다수 대중을 교육하고 결집하는 것이라고 할 수 있다. 이들은 착취당하는 계급, 즉 노동계급이며, 결국 혁명의 동력이 된다. 바로 그래서 아래로부터 사회주의가 가능하다. 아래로부터 사회주의는 광범한 대중이 특정한 때와 장소에서는 후진적 상태에 있을지라도 혁명적 잠재력을

---

* H G 웰스의 자서전에서 인용. 모든 저작에서 가장 음울한 버전의 위로부터 사회주의의 공상을 주창한 웰스는 자서전에서 이와 같은 마르크스의 역사적 기여를 비난했다 — 지은이.

지니고 있다고 보는 이론을 근거로 한다. 《자본론》은 결국 이런 명제의 경제적 토대를 입증하는 것일 뿐이다.

혁명적 민주주의와 혁명적 사회주의를 결합할 수 있게 해주는 것은 오직 그 같은 노동계급 사회주의 이론뿐이다. 우리는 지금 우리 신념의 정당성을 논증하려는 게 아니다. 양자택일을 하라고 주장하고 있는 것이다. 즉, 이를 논박하고자 하는 자칭 사회주의자와 사회개혁가는 모두 반드시 이런저런 위로부터 사회주의(개혁주의, 공상주의, 관료주의, 스탈린주의, 마오쩌둥주의, 카스트로주의 등 여러 변형)로 전향하게 된다.

《공산당 선언》이 발표되기 5년 전에, 갓 사회주의자가 된 23세의 엥겔스는 낡은 엘리트주의의 전통에 따라 여전히 이렇게 말했다. "우리는 상당히 좋은 교육을 받은 계급에서만, 즉 대학과 상인계급에서만 우리 구성원을 충원할 수 있다." [그 뒤] 청년 엥겔스는 그렇지 않다는 것을 깨달았다. 그러나 그런 낡은 지혜는 여전히 우리 곁에 남아 있다.

아나키스트 '자유 지상론'의 신화

급진주의의 역사에서 가장 철저한 권위주의자 가운데 한 사람이 바로 "아나키즘의 아버지" 프루동이다. 자유라는 말을 부지런히 외고 다녔으며 "아래로부터 혁명"을 주문처럼 되뇌던 그는 "자유 지상론"의 위대한 귀감으로서 잊힐 만하면 되살아난다.

어떤 사람들은 프루동의 히틀러 뺨치는 반유대주의("유대인은 인류의 적이다. 이런 종족은 아시아로 돌려보내거나 절멸시킬 필요가 있다")를 너그럽게 보아 넘길 수 있을지도 모른다. 아니, 그의 인종차별주의(프루동은 미국의 남부에서 흑인들을 노예로 묶어 두는 것을 옳다고 여겼다. 흑인이야말로 가장 열등한 족속이라고 봤기 때문이다), 전쟁 자체를 위한 전쟁 찬양(바로 무솔리니처럼), 또는 여성은 아무 권리도 없다는 생각("나는 여성의 참정권과 자주성을 모두 부정한다. 여성의 자유와 복지는 오로지 결혼, 모성, 집안일 등에 달려 있기 때문이다"), 즉 나치의 "어린이·교회·부엌"까지도* 너그럽게 봐줄 수 있을지도 모른다.

그러나 프루동이 노동조합 결성권과 파업권을 격렬히 반대했을 뿐 아니라(심지어 경찰의 파업 파괴를 지지하기까지 했다) 투표권, 보통선거권, 국민주권, 그리고 입헌제마저 모조리 반대한 것을 귀엽게 봐줄 수는 없을 것이다.("이 모든 민주주의가 나를 진절머리 나게 한다. … 이 폭도들을 불끈 쥔 주먹

---

* 독일 여성의 활동을 제한하려는 캠페인의 표어.

으로 혼구멍낼 수 있다면 무슨 짓이든 못 하겠는가!") 프루동의 이상理想 사회에 관한 비망록에서는 다른 모든 집단에 대한 억압이 두드러진다. 20명 이상이 모이는 어떤 공공 집회도 어떤 자유 언론도 어떤 선거도 허용되지 않는다. 프루동은 같은 비망록에서 "일단 혁명이 성공하면 … 수많은 사람들"에게 강제 노동을 시키기 위해 "대대적인 재판"과 실형 선고가 있을 것으로 본다.

이 모든 것 뒤에는 대중에 대한 지독한 경멸(이것은 위로부터 사회주의에 꼭 필요한 기초이며, 이것을 반대하는 것이 마르크스주의의 토대다)이 감춰져 있다. 대중은 부패하고 희망이 없다는 것이다.("나는 인간성을 숭배한다. 그러나 인간들에게는 침을 뱉고 싶다!") 프루동은 한 친구에게 보낸 편지에서 그를 비웃으며 이렇게 꾸짖었다. 대중은 "단지 야만인일 뿐이며 … 그들을 주권자로 만들지 않고 교화하는 것이 우리의 임무이거늘 … 당신은 아직도 대중을 믿고 있군요." 대중에게 주권이 돌아가지 않도록 관리하는 엘리트가 지배할 때만 진보가 가능하다는 것이다.

그는 몇몇 지배 군주가 혁명을 가져올 1인 독재자 구실을 해 주기를 갈망하곤 했다. 루이 보나파르트(프루동은 1852년에 쓴 모든 책에서 황제는 혁명을 실어 나르는 사람이라고 칭송했다), 제롬 보나파르트, 그리고 마지막으로 차르 알렉산드르 2세가 그들이었다("차르 전제가 문명화에 꼭 필요하다는 것을 잊지 마시오").

독재자의 임무에 더 걸맞은 후보자는 물론 프루동 자신이었다. 그는 협동조합 형태의 '상호부조' 사업안을 세밀하게 짰는데, 그것은 모든 기업과 이어서 국가를 넘겨받기 위한 것이었다. 프루동은 비망록에서 자신을 총감독으로 상정하면서, 총감독은 그가 그토록 경멸하는 민주적 통제에 복종하지 않는 것이 당연하다고 썼다. 그는 세부 항목을 미리 재단했다. "모든 감독들을 위한 비밀 계획을 수립하라. 귀족, 민주주의, 자산가, 종교 [등등 — 지은이]를 다시는 돌이킬 수 없도록 절멸하라. … 감독들은 그 나라의 타고난 대표자다. 각료는 단지 상급 관리자거나 총감독(언젠가는 내가 그렇게 될)일 뿐이다. … 우리가 주인이 될 때 종교는 우리가 바라는 대로 될 것이며 교육·철학·사법제도·행정·정부 등도 모두 그렇게 될 것이다."

아나키스트 "자유 지상론"에 대한 흔한 환상에 빠져 있는 독자는 이렇게 물을지도 모른다. 프루동이 되뇌인 자유에 대한 크나큰 사랑이란 위선이었단 말인가?

결코 그렇지 않다. 단, 아나키스트가 말하는 "자유"가 무엇을 뜻하는지 이해할 필요가 있다. 프루동은 이렇게 말했다. "자유의 원리는 [라블레의 소설에 나오는 — 지은이] 텔렘 사원의 원리와 같다. 즉, 네가 원하는 바를 행하라!" 그리고 그런 원리가 뜻하는 바는 이렇다. "무엇이든 자기가 하고 싶은 일을 할 수 없는 사람은 누구나 정부에 맞서 반란을 일으킬 수 있는 권리가 있다. 비록 그가 혼자이고, 다른 모든 사람이 정부를 이룬다고 할지라도 말이다." 이런 자유를 누릴 수 있는 사람은 전제군주뿐이다. 이것은 도스토옙스키의 [소설 《악령》에서] 시갈레프가 보여 준 빛나는 통찰, "나는 무제한의 자유에서 출발해 무제한의 독재에 도달한다"는 말이 뜻하는 바이기도 하다.

이것은 제2의 "아나키즘의 아버지" 바쿠닌의 이야기와 비슷하다. 민주적 통제에 대한 억압과 독재를 위한 그의 계획은 프루동보다 훨씬 잘 알려져 있다.

근본 이유는 똑같다. 아나키즘은 아래로부터 민주적 통제를 구축하는 데는 관심이 없고, 개인을 내리누르는 '권위'를 파괴하는 데만 관심을 기울이기 때문이다. 그 권위에는 우리가 상상할 수 있는 가장 완벽한 민주적 법규의 권위까지 포함된다. 아나키즘의 권위 있는 해설자들은 누차 이 점을 분명히 밝혔다. 그들 가운데 한 사람인 조지 우드콕은 이렇게 말했다. "심지어 민주주의가 가능하다 할지라도, 아나키스트들은 여전히 민주주의를 지지하지 않을 것이다. … 아나키스트들은 정치적 자유를 옹호하지 않는다. 아나키스트들이 지지하는 것은 정치로부터 자유다." 아나키즘은 원칙상 격렬하게 민주주의를 반대한다. 왜냐하면 이상적인 민주적 권위도 권위이기 때문이라는 것이다. 그러나 민주주의를 거부하다 보니 텔렘 사원의 거주자들[아나키스트들] 사이에 어쩔 수 없이 일어나는 의견 불일치와 차이를 해결할 방법이 없기 때문에, 통제받지 않는 각 개인의 무제한의 자유와 그런 개인의 무제한의 독재를 이론과 실천 모두에서 구별할 수 없게 된다.

우리 시대에 중요한 문제는 **현대의 사회 권력이 지닌 엄청난 힘을 아래로부터 민주적으로 통제하는 것이다.** 아래로부터 무엇이 어떻고 하며 [다른 정치 조류처럼] 너스레를 떨 필요가 없는 아나키즘은 이런 목표를 거부한다. 아나키즘은 관료 독재[전형적으로 스탈린주의]가 제시하는 가치를 그대로 뒤집어 놓은, 관료 독재의 짝이다. 이는 관료 독재의 치유책이나 대안이 될 수 없다.

라살과 국가사회주의

현대 사회민주주의의 전형인 독일 사회민주당SPD이 마치 마르크스주의의 토대에서 생겨난 것처럼 말하는 사람들이 많다. 이것은 지금까지 사회주의의 역사에서 나타난 다른 많은 것과 마찬가지로 일종의 신화다. 몇몇 최고 지도자들이 그러했듯이 한동안은 마르크스의 영향을 크게 받기도 했지만, 당에 침투해서 마침내 당을 지배한 정책은 주로 마르크스와는 다른 두

근원에서 온 것이다. 하나는 라살이었는데, 그는 (1863년) 독일 사회주의를 조직 운동으로서 출범시켰다. 그리고 다른 하나는 영국의 페이비언협회 사람들로서, 에두아르트 베른슈타인의 "수정주의"를 부추겼다.

페르디난트 라살은 **국가사회주의**의 주창자다. 국가사회주의는 기존 국가의 손으로 위로부터 사회주의를 이루려 하는 이념 또는 체제를 뜻한다. 국가사회주의를 주창한 최초의 인물은 라살이 아니(라 [프랑스의] 루이 블랑이)었지만, 라살이 말하는 기존 국가는 [루이 블랑과 달리] 비스마르크 치하의 제정帝政 국가를 가리켰다.

라살은 노동자들에게, 국가는 "우리 가운데 아무도 혼자 힘으로는 이룰 수 없는 일을 우리 모두를 위해서 이뤄 줄 것"이라고 말했다. 이것은 마르크스의 가르침과는 정반대였다. 마르크스는 노동계급 자신이 노동계급의 해방을 쟁취해야 하며, 그 과정에서 기존 국가를 분쇄해야 한다고 가르쳤다. 베른슈타인은 라살이 국가를 "진정으로 섬겼다"고 말한 바 있는데, 참으로 타당한 지적이다. 라살은 프로이센의 법정에서, "태고의 성전에 밝혀진 모든 문명의 등불인 국가여, 나는 현대의 모든 야만인들[자유주의 부르주아지 — 지은이]에 맞서 그대를 지키겠노라"고 말한 바 있다. 라살의 전기를 쓴 작가 푸트먼은 이것이 마르크스와 라살을 "근본적으로 대립하게" 만들었다고 지적한다. 그는 라살의 열렬한 프로이센주의, 즉 프로이센 민족주의와 프로이센 제국주의를 폭로한다.

라살은 최초의 독일 사회주의 운동을 자신의 개인 독재 아래 조직했다. 라살은 아주 목적의식적으로 독일 사회주의 운동을 위로부터의 사회주의를 달성하기 위한 아래로부터의 대중운동(생시몽의 파성퇴를 상기하라)으로 건설하기 시작했다. 그 목표는 비스마르크가 조금만 양보하면(특히 보통선거권 문제에 관해) 그것을 바탕으로, 라살이 지도하는 의회 운동과 비스마르크 국가가 함께 자유주의 부르주아지에 반대하는 대중 동맹을 맺을 수 있다고 비스마르크를 설득하는 것이었다. 실제로, 라살은 그 목적을 위해 철혈재상[비스마르크]과 협상을 시도했다. 라살은 자기 단체의* 독재적 정관을 비스마르크에게 보내면서 이것이 "아마도 각하께서 부러워하실 저희 왕국의 헌법"이라고 하며, 계속해서 다음과 같이 썼다.

> 이 독재가 노동계급을 위해서 행해진다는 점을 처음에 제대로 납득시킬 수만 있다면, 이 축약판[전독일노동자협회 정관]은 노동

---

* 라살이 1863년에 설립한 전독일노동자협회ADAV를 말한다. 이 정당은 1875년에 사회민주주의노동자당SDAP과 통합했고 이후 이름을 바꿔 사회민주당이 됐다.

계급이 본능적으로 독재에 이끌린다는 말이 참으로 옳다는 것을 충분히 보여 줄 것입니다. 그러니 만약 국왕께서 진정으로 혁명적인 노선을 채택하시고 특권적 질서의 군주에서 사회적 군주, 혁명적인 인민의 군주로 변신할 결심을 하실 수만 있다면(확실히 그런 일은 있을 법하지 않지만), 제가 최근에야 말씀 드린 바 있듯이, 온갖 공화제 사상에도 불구하고(아니, 더 정확하게는 그것들 때문에) 노동계급이 부르주아 사회의 이기주의에 반대해 국왕을 사회적 독재를 위해 하늘이 내리신 대표자로 여기며 얼마나 공경하겠습니까?

당대에는 이 비밀 편지가 공개되지 않았는데도, 마르크스는 라살주의의 본질을 완벽하게 파악했다. 그는 라살에게 대놓고 "보나파르트주의자"라고 면박을 줬으며, "그의 태도는 [노동자를 억압할] 미래의 독재자의 태도"라고 안 봐도 훤하다는 듯이 말했다. 마르크스는 라살적 경향을 "프로이센 왕정 사회주의"라고 불렀으며, 그가 "부르주아지에 대항해 절대주의자들이나 봉건 야당과 동맹"을 맺고 있다고 비난했다.

마르크스는 라살이 사회주의를 "혁명적 사회변혁의 과정이 아니라 … 국가가 생산자 조합에 제공하는, 그것도 노동자가 아니라 국가가 '창조'하는 '국가 보조'에서" 생겨나는 것으로 보고 있다고 말했다. 마르크스는 라살을 비웃으며 이렇게 말한다. "그러나 현재의 협동조합에 관한 한, 그것은 정부나 부르주아지의 보호를 받는 게 아니라 오로지 노동자들의 자주적 활동의 소산일 때만 가치가 있다." 마르크스의 말 속에는 아래로부터의 사회주의를 국가사회주의와 구별해 주는 시금석이라 할 독립성이라는 낱말의 뜻이 담겨 있다.

미국식 강단 반反마르크스주의자가 마르크스의 이런 측면을 마주하면 어떤 일이 벌어지는지 보여 주는 유익한 사례가 하나 있다. [캐나다 정치학자] 마요는 《민주주의와 마르크스주의》라는 책에서(나중에 《마르크스주의 이론 입문》으로 개정됐다) 주되게 마르크스주의를 "정설 스탈린주의"라고 규정하는 간단한 방법으로 마르크스주의가 반反민주적이라고 쉽게 '입증'한다. 그러나 최소한 마요는 마르크스[의 저작]를 읽어 본 듯하고, 마르크스가 많은 저작과 활동 어디에서도 국가가 더 많은 힘을 가져야 한다는 주장을 명시적으로 한 바가 없고 오히려 그 반대라는 것을 깨달았다. 그는 마르크스가 "국가 통제주의자"가 아님을 이해하기 시작했다.

> 마르크스주의를 반대하는 사람들은 흔히 마르크스주의가 모종의 "국가 통제주의"로 변질되는 경향이 있다고 비판한다. 언뜻 [읽어 — 지은이] 봐도 이런 비판은 빗나간 것 같다. 왜냐하면 마르크스의 정치 이론이 가진 덕목은 … 국가에 대한 찬양이라고는 눈

곱만큼도 없다는 것이기 때문이다.

이 점은 마르크스를 비판하는 사람들에 대한 중요한 도전이다. 왜냐하면 그들은 마르크스주의가 으레 국가를 찬미하는 것이려니 하고 지레짐작하기 때문이다. 마요는 이 어려움을 두 문장으로 해결한다. 첫째, "총체적 계획이 필요하다는 것은 국가 통제주의를 내포한다." 둘째, 소련을 봐라. 그러나 마르크스는 "총체적 계획"을 전혀 숭배하지 않았다. (마르크스 비판자들은) 마르크스가 사회주의 청사진을 그리는 데 실패했다고 비난했지만, 사실 마르크스는 이전 공상가들의 "계획 만능주의"나 위로부터의 계획에 맹렬하게 반발했기 때문에 사회주의 청사진을 그리지 않았다. 마르크스주의가 지워 없애고 싶어 한 사회주의 개념이 바로 "계획 만능주의"다. 사회주의는 계획을 수반하기 마련이다. 그러나 "총체적 계획"이 사회주의와 같은 것은 아니다. 어떤 바보가 교수일 수는 있지만 모든 교수가 바보여야 하는 것은 아니듯이 말이다.

페이비언 모델

독일에서는 라살의 영향 속에서 일련의 '사회주의'들이 흥미로운 방향으로 변천한다.

(당시 주류 학계의) '강단 사회주의자들'은 라살보다 더 노골적으로 비스마르크에게 기대를 걸었지만, 국가사회주의에 관한 그들의 생각은 그 원칙에서 라살의 생각과 다를 바가 없었다. 다른 점은 딱 하나, 라살은 그 목적을 실현하기 위해 아래로부터 대중운동을 일으킨다는 위험한(한번 발동이 걸린 대중운동은 통제에서 벗어날 우려가 있기 때문인데, 실제로 종종 그래 왔다) 수단에 손을 댔다는 것뿐이다. 비스마르크는 자신의 온정주의적 경제정책을 서슴없이 "사회주의"라고 불렀으며, "군주제 사회주의"와 "비스마르크 국가사회주의" 등을 다룬 책들을 쓰도록 지시하기도 했다. 오른쪽으로 더 나아가 보면, 나치의 원형이라 할 프리드리히 리스트의 "사회주의"와, 아돌프 히틀러 치하에서 사회주의를 자처한 운동에 기반을 제공하는, 반자본주의의 얼굴을 한 반유대주의 단체들(뒤링이나 바그너 등)과 마주치게 된다.

이처럼 다양한 조류들의 차이를 관통하는 공통점은 **사회주의가 단지 경제·사회 생활에 대한 국가의 개입을 뜻할 뿐이라는 생각**이다. 라살은 이렇게 외쳤다. "국가여, 모든 것을 장악하라!" 이것이 사회주의의 모든 것이다.

따라서 슘페터가 독일의 국가사회주의는 영국으로 치면 페이비언주의, 즉 웨브의 사회주의에 해당한다고 본 것은 옳다.

페이비언주의(정확하게 말하자면, 웨브주의)는 사회주의 사상의 역사에서 마르크스주의로부터 더욱 철저하게 떨어져서 발전한 형태로, 마르크스주의와는 가장 이질적인 근대 사회주의의 한 조류다. 페이비언주의는 특히 영국에서 대중적 노동운동과 사회주의 운동이 등장하기 전에 나타난 순도 거의 100퍼센트의 사회민주주주의적 개혁주의였다. (널리 퍼진 신화와 달리) 페이비언주의는 그런 사회주의 운동과 대중적 노동운동을 전개하려 하지 않았고, 지지하려고 하지도 않았다. 따라서 마르크스주의에서 몇 마디를 빌려다 마르크스주의를 찬미하면서 그 본질을 왜곡하는 대부분의 다른 개혁주의와 달리, 페이비언주의는 매우 중요한 실험이었다.

의도적으로 중간계급을 조직하고 중간계급에게 호소하는 페이비언주의는 모종의 대중운동을 건설하기 위한 것이 결코 아니었으며, 페이비언주의 대중운동을 건설하기 위한 것은 더더욱 아니었다. 그들은 자신들이 기존 사회 제도에 침투해서 보수당이나 자유당 요소요소의 실제 지도자들에게 영향을 미침으로써 "불가피한 점진적 개혁"이라는 페이비언주의의 집산주의적 목표 쪽으로 사회 발전을 이끌 소수 엘리트 두뇌 집단이라고 여겼다. 페이비언주의자들은 사회주의를 정부 개입(중앙정부이든 지방정부이든)이라는 관점에서만 봤기 때문에, 그리고 그들의 이론에 따르면 자본주의 자체가 나날이 급속하게 집산화하고 있으며 또 그런 방향으로 나아가야 했기 때문에, 자신들은 단순히 그런 과정을 촉진하면 된다고 생각했다. 페이비언협회는 상어를 먹이 있는 곳으로 안내한다고 하는 동갈방어 구실을 하고자 1884년에 창립됐다. 처음에 상어는 자유당이었다. 그러나 자유당으로 침투하는 것이 비참하게 실패하고 노동자들이 페이비언들의 노력에도 불구하고 마침내 독자적 계급 정당을 조직하자, 동갈방어는 다른 상어를 찾을 수밖에 없었다.

아마 페이비언주의만큼 체계적이고 심지어는 의식적으로 위로부터의 사회주의 이론을 세운 사회주의 조류는 없을 것이다. 나중에는 페이비언주의가 노동당의 개혁주의 강령에 흡수돼 그 성격이 불분명해졌지만, 이 운동의 본질은 일찌감치 알려졌다. 페이비언협회 소속의 지도적 그리스도교 사회주의자 힐레어 벨록은 웨브의 이념을 "관료집산제"(아마 이때 이 용어가 처음 사용된 듯하다)라고 공격한 바 있다. 힐레어 벨록의 한때 유명했던 책 《노예 국가》(1912)는 웨브식의 "집산주의적 이상"이 근본적으로 관료적이라는 점을 주로 겨냥해서 쓰였다. G D H 콜은 다음과 같이 회상했다. "당시 웨브 부부는 정치 활동을 하는 사람들은 모두 'A'이거나 'B'라면서, 즉 아나키스트anarchist이거나, 관료bureaucrat라면서, 자신들은 'B'라고 말하곤 했다."

이 정도의 특징 묘사로는 페이비언주의의 웨브식 집산주의의 특징을 완전하게 전달하기 힘들다. 웨브의 집산주의는 철두철미하게 통제, 전문 관료, 엘리트, 권위를 앞세우는 "계획 만능주의"였다. 웨브는 "막후 책략"이라는 말을 정치라는 말의 거의 동의어처럼 쓰기를 좋아했다. 어떤 페이비언 출판물에는 자신들은 "사회주의의 예수회 수도사"가 되고 싶노라고 썼다. [그들에게] 복음은 질서와 효율이었다. 민중은 친절하게 다뤄져야 하며, 유능한 전문가들의 지휘를 받아야 제격이었다. 계급투쟁, 혁명, 대중 항쟁은 미친 짓이었다. 《페이비언주의와 제국》이라는 책에서는 제국주의를 칭송하고 기꺼이 용인했다. 사회주의 운동이 자신들의 관료집산제를 발전시킨 적이 있었다면 그것은 바로 웨브식이었다.

"사회주의는 본질적으로 아래로부터의 운동, 계급 운동이라고 생각하는 사람도 있을 것이다." 페이비언협회의 대변인 시드니 볼은 독자들의 이런 생각을 바로잡아야 한다며 이어서 다음과 같이 썼다. 그러나 오늘날 사회주의자들은 "그 문제를 통속적 관점에서 보기보다는 과학적 관점에서 다룬다. 그들은 바로 중간계급의 이론가들이다." 시드니 볼은 의기양양해 계속해서 이렇게 설명했다. "거리의 사회주의와 강단 사회주의 사이에는 뚜렷한 단절"이 있다.

그럴듯하게 윤색된 경우가 많긴 하지만, 페이비언주의의

후속편도 잘 알려져 있다. 특정 경향으로서 페이비언주의는 1918년경에 좀 더 큰 흐름인 노동당의 개혁주의에 흡수·통합된 반면, 페이비언 지도자들 자신은 다른 방향으로 나아갔다. 지도부의 삼총사였던 버나드 쇼와 웨브 부부는 1930년대에 스탈린의 전체주의를* 확고하게 지지하게 됐다. 사회주의에는 초인超人이 필요하다고 생각한 버나드 쇼는 이미 그 전에도 초인 자격을 갖춘 사람을 여럿 발견한 바 있다. 결국 쇼는 무솔리니와 히틀러를 야후** [같은 대중]에게 '사회주의'를 하사할 자애로운 독재자로 봤다. 쇼가 그들에게 실망했던 것은 단 하나, 그들이 자본주의를 정말로 끝장내지 못했다는 것뿐이었다. 1931년, 쇼는 소련을 방문한 후에 스탈린 체제야말로 사실상 진정한 페이비언주의라고 선언했다. 뒤이어 웨브 부부가 모스크바를 방문해 그곳에서 신神을 발견했다. 웨브 부부는 (모스크바 측의 자료와 스탈린의 주장을 열심히 연구한 끝에) 《소련 공산주의: 새로운 문명》에서 다음 사실들을 '입증'했다. 소련은 세계에서 가장 위대한 민주주의 국가다. 스탈린은 독재자

---

* "옮긴이 해제"에서 지적했듯이, 소련 사회의 성격은 국가자본주의다. 소련을 전체주의로 보는 이론은 사회 내부의 변화 가능성을 부정하기 때문에 체제의 변화 메커니즘을 설명하지 못하고, 혁명기의 러시아와 스탈린 치하의 러시아를 동일시하는 오류로 이어질 수 있다.

** 인간의 모습을 한 짐승.

가 아니다. 소련에서는 모든 사람이 평등하다. 일당 독재는 필요하다. 공산당은 슬라브인과 몽고인에게(단, 영국인은 제외) 문명을 가져다주는 철저히 민주적인 엘리트다. 어쨌든 서구에서 정치적 민주주의는 실패했으며, 우리 시대에 정당들이 난립해야 할 이유는 없다 등등.

그들은 [스탈린의 반대파] 숙청을 위한 모스크바 재판과 히틀러·스탈린의 [독소 불가침] 조약에 대해서도 일말의 켕김도 없이 확고하게 스탈린을 지지했으며, 죽을 때까지 소련 공산당 정치국원들보다 훨씬 더 무비판적인 스탈린주의자였다. 쇼가 말했듯이, 웨브 부부는 러시아 혁명 자체에 대해서는 오직 코웃음을 칠 따름이었다. 그러나 "웨브 부부는 변혁의 잔해와 참상이 일소되고 혁명의 오류들이 치료될 때까지, 그리고 공산주의 정부가 정말로 들어설 때까지 기다렸다." 다시 말해서, 그들은 혁명적 대중에게 족쇄가 채워지고, 혁명의 지도자들이 숙청당하고, 독재 정권이 효과적이고 안정적으로 자리 잡고, 반反혁명의 기반이 단단해질 때까지 기다렸다. 그리고 실제로 그런 일이 일어나자, 스탈린 정권이야말로 자신들의 이상이라고 선포했다.

이것은 정말로 이해할 수 없는 어리석은 실수에서 비롯한 엄청난 오해였을까? 아니면, 예상보다 피가 조금 더 흐르긴 했지만 그래도 소련이야말로 자신들의 사상에 부합하는 '사회주의'라고 본 그들의 생각이 잘못이었을까? 페이비언주의가 중간 계급에서 스탈린주의로 관심을 돌린 것은 위로부터의 사회주의로 가는 또 다른 길로 접어들었음을 뜻했다.

페이비언주의가 세상에 나타났던, 20세기 직전의 몇십 년을 되돌아보노라면, 웨브와 완전히 대조되는 한 인물이 어렴풋이 눈에 들어온다. 그 시기에 혁명적 사회주의를 이끌던 인물로서, 시인이자 예술가였던 윌리엄 모리스가 바로 그 사람이다. 그는 40대 후반에 마르크스주의 사회주의자가 됐다. 사회주의를 주제로 한 모리스의 책들에는 웨브의 노선과 속속들이 반대되는 아래로부터 사회주의의 정신이 맥박 치고 있다. 이 점은 페이비언주의에 대한 모리스의 맹렬한 비판에서 가장 분명하게 드러난다. 그리고 모리스가 공세를 취하게 된 데는 다음과 같은 정당한 이유들이 있었다. 영국판 라살[즉, 웨브]의 '마르크스주의'와 H M 하인드먼 독재에 대한 혐오, 국가사회주의에 대한 비판적 입장, 그리고 벨러미의 《뒤돌아보며》에 나타난 관료집산제 유토피아에 대한 경멸.(모리스는 [벨러미의 책을 읽고] 이런 말을 남겼다. "그들이 나를 노동자 부대에* 집어넣는다면 나는 드러누워서 발길질을 할 것이다.")

---

* 벨러미는 《뒤돌아보며》에서, 미래 사회에서는 모든 사람이 국가에 고용돼 21세부터 45세까지 "산업군"으로서 노동할 의무를 지닌다고 제시했다.

모리스의 사회주의 저작들은 그 시대의 아래로부터 계급투쟁을 강조하는 구절들로 가득 차 있다. 모리스는 벨러미의 책에서 제시된 사회주의의 미래상을 정면으로 반박하는 《유토피아에서 온 소식》을 썼다. 그는 이렇게 경고했다.

> 개인들은 자기네 생활사를 국가라는 이름의 추상물의 어깨에 떠맡겨서는 안 된다. 모든 개인은 서로 목적의식적 유대를 맺음으로써 국가에 대처해야 한다. … 평등한 지위만큼이나 삶의 다양성 또한 진정한 공산주의의 목표다. 그리고 … 이 두 가지가 결합할 때만 진정한 자유를 이룰 수 있다.

모리스는 "몇몇 사회주의자들마저도 현대의 삶이 지향하고 있는 협동적 조직과 사회주의의 본질 자체를 혼동하는 경향이 있다"고 말했다. 이것은 "사회가 관료의 손아귀에 들어갈 위험"이 있음을 뜻했다. 따라서 모리스는 미래의 '관료집산제'를 예감하고 우려를 표했다. 국가사회주의와 개혁주의에 격렬하게 반대하다 보니 단순한 반反의회주의로 후퇴하기는 했지만, 그래도 모리스는 아나키즘의 함정에 빠지지는 않았다.

> 민중은 연합해 통치할 것이고, 그러다 보면 종종 견해 차이가 발생할 것이다. … 어떻게 해야 하는가? 어느 쪽이 양보해야 하는

가? 아나키스트들은 다수파가 그 문제를 처리해서는 안 된다고 말한다. 그렇다면 그 경우에 소수파가 처리하게 될 터인데, 왜 그래야 하는가? 소수파에게 무슨 신성한 권리라도 있다는 말인가?

아나키즘은 너무 이상주의적이기 때문에 문제가 있다고 보는 통속적인 견해보다는 모리스의 이 말이 훨씬 더 아나키즘의 정곡을 찌르고 있다.

윌리엄 모리스냐 시드니 웨브냐, 이것이 위의 내용을 요약하는 말이다.

'수정주의'의 정체

사회민주주의의 "수정주의" 이론가 에두아르트 베른슈타인은 런던 망명 중에 크게 영향을 받은 페이비언주의에서 자기 이론의 원동력을 찾았다. 1896년까지만 해도 그는 독창적인 개혁주의 정책을 고안해 내지는 못했으며, 단지 개혁주의의 이론적인 대변인이었을 뿐이다.(독일 사회민주당 사무총장[이그나츠 아우어]은 이론적 모호함을 선호했다. 그는 베른슈타인에게 "사람들은 이런 것[개혁주의]을 말하지 않는다. 그냥 실천한다"고 말했다. 이 말은, 이론가들이 이러쿵저러쿵하기 훨씬 전에 이미 독일 사회민주당의 정책에서 마르크스주의의 핵심 요소가 뿌리 뽑혀져 버렸음을 뜻한다.)

그러나 베른슈타인은 마르크스주의를 '수정'한 게 아니었다. 그가 한 일은 마르크스주의의 시든 가지들을 솎아 내는 척하면서 실제로는 마르크스주의의 뿌리를 뽑아 버리는 것이었다. 페이비언주의자들은 그처럼 겉꾸밀 필요가 없었지만, 독일에서는 마르크스주의를 정면공격으로 분쇄할 수가 없었다. 위로부터 사회주의로 회귀하려면 '현대화'를 위한 '수정'이라는 이름으로 가장해야 했던 것이다.

페이비언들과 마찬가지로, "수정주의" 역시 일차적으로 자본주의 자체의 피할 길 없는 집산화 경향에서 사회주의를 찾았다. 즉, 사회주의를 지지하는 운동을 자본주의에 내재한 집산화 경향의 총계로 봤다. 수정주의자들은 위로부터, 즉 기존 국가의 제도들을 통한 자본주의의 '자체 사회화'에 기대를 걸었다. 사회주의=국유화라는 등식은 스탈린주의의 발명품이 아니다. 그것은 사회민주주의적 개혁주의의 페이비언주의·수정주의·국가사회주의 조류들에 의해 체계화됐다.

자본주의는 더는 실재하지 않으므로 사회주의는 시대에 뒤떨어진 것이라고 주장하는 현대 이론들은 대부분 이미 베른슈타인에게서 찾아볼 수 있다. 베른슈타인은 자본가들에 대한 통제가 실행되고 있기 때문에 바이마르공화국 시기의 독일을 자본주의라 부르는 것을 "어리석은" 짓이라고 단언했다. 나치 국가가 훨씬 더 반자본주의적이었다는 결론이 베른슈타인주의에서 나오는 것은 자연스러운 일이다.

사회주의가 관료집산제로 변형되는 것은 노동자 민주주의에 대한 베른슈타인의 비난에서 이미 암묵적으로 드러난다. 그는 산업에 대한 노동자 통제라는 생각을 비판하면서, 민주주의에 대한 정의를 다시 내리게 된다. 민주주의가 "민중에 의한 정부"라고? 베른슈타인은 이것을 거부하고 "계급 정부의 부재"라는 부정적 정의를 옹호한다. 그리하여 베른슈타인은 소련 공산당 학자들이 민주주의에 대해 교묘하게 다시 내린 정의들만큼이나 효과적으로, 노동자 민주주의가 사회주의의 전제 조건이라는 생각 자체를 쓸모없는 것으로 만든다. 정치적 자유와 대의제도도 엉뚱하게 정의됐다. 베른슈타인 자신은 개인적으로는 라살이나 쇼처럼 반민주주의적이지 않았기 때문에 그의 이론이 낳은 결과는 훨씬 더 인상적이었다. 이런 공식들을 필요로 하는 것은 바로 위로부터 사회주의 이론이다. 베른슈타인은 사회주의=국유화라는 등식을 만들어 냈을 뿐 아니라, 사회주의를 노동자 민주주의와 별개의 것으로 취급한 지도적 사회민주주의 이론가다.

따라서 베른슈타인이, 국가를 대하는 마르크스의 적대적 태도는 "아나키스트적"인 것이며, 국가가 사회주의를 주도적으로 창출할 것이라고 기대한 라살이 옳다는 결론에 도달하게 된 것은 자연스러운 일이었다. 베른슈타인은 "내다볼 수 있는 미래의 행정 기구는 현재의 국가와 정도의 차이만 있을 것이다" 하고 썼다. 즉, 사회주의에서조차 "국가의 소멸"은 환상일 뿐이라는 것이다. 반대로, 그는 매우 실천적인 사람이었다. 예를 들어, 독일 황제의 소멸하지 않는 국가가 제국주의의 식민지 쟁탈전에 뛰어들자, 베른슈타인은 신속하게 식민주의와 '백인의 의무'를* 노골적으로 옹호했다. "야만족들은 그들이 점유한 땅에 대한 조건부 권리만을 인정받을 수 있다. 궁극적으로 더 발전한 문명이 더 많은 권리를 주장할 수 있다."

베른슈타인은 사회주의로 가는 길에 대한 자신의 견해를 마르크스의 견해와 대비시켰다. 마르크스의 견해는 "군대의 모습을 연상시킨다. 군대는 우회로를 통해 지팡이와 돌멩이에 의존해 앞으로 전진한다. … 마침내 군대는 거대한 심연에 도달한다. 그 너머에는 원하는 목표, 즉 미래의 국가가 손짓하고 있으며, 그런 국가는 오로지 바다, 누군가도 말했듯이 피의 바다를 통해서만 도달할 수 있다." 이와는 대조적으로, 베른슈타

---

* 1899년 영국 시인 러디어드 키플링이 미국의 필리핀 침략을 옹호하며 발표한 시 제목으로, 미개한 식민지 주민에게 서구 문명을 하사해야 한다는 내용이다. 제국주의적 침략의 정당성을 옹호하는 의미로 현재까지 쓰이고 있다.

인의 전망은 핏빛이 아니라 장밋빛이었다. 즉, 자비로운 국가가 신사적으로 부르주아지를 착한 관료로 변화시키면 계급투쟁은 조화롭게 약화될 수 있다는 것이다. 그러나 역사는 결코 그런 식으로 진행되지 않았다. 1919년, 베른슈타인주의화한 사회민주당은 혁명적 좌파를 총살하고 나서, 사악함을 버리지 않은 부르주아지와 군부를 권좌에 복귀시켰는데 그런 행위는 결국 독일이 파시스트의 수중으로 넘어가는 데 일조했다.

베른슈타인이 관료집산제와 사회주의를 등치시킨 이론가였다고 한다면, 제2인터내셔널에서 혁명적·민주적인 아래로부터 사회주의의 지도적 대변자였던 사람은 독일 운동에서 베른슈타인에 맞선 좌익 반대파였다. 그 사람은 바로 로자 룩셈부르크였다. 로자 룩셈부르크는 자유로운 노동계급의 자생적 투쟁에 대한 믿음과 희망을 참으로 강조했다. 그래서 신화 창조자들은 그녀가 결코 가져 본 적도 없는 '자생성 이론', 즉 '자생성'과 '지도'를 대립시키는 이론을 그녀가 만들어 냈다는 신화를 꾸며 냈다.

룩셈부르크는 [훗날] 운동을 이끌면서, 노동자에 대한 교화적 독재 이론을 재발견(각각의 세대마다 최신 이론으로 재발견된다)하는 '혁명적' 엘리트주의자들에 반대해 격렬하게 투쟁했으며, 그래서 다음과 같이 써야 했다. "프롤레타리아 다수의 의식적 의지와 의식적 행동 없이 사회주의는 전혀 있을 수 없다. … [우리는 — 지은이] 독일 노동계급 대다수의 명확하고 분명한 의지를 통하지 않고서는 결코 정부 권력을 장악하지 않을 것이다.” 또 다음과 같은 유명한 말도 남겼다. “진정한 혁명적 노동운동이 저지르는 오류가 가장 뛰어난 중앙위원회의 무오류보다 역사적으로 훨씬 더 유익하고 가치 있다.”

로자 룩셈부르크냐 에두아르트 베른슈타인이냐, 이것이 이 논의의 독일적 맥락이다.

[중략]

위로부터 사회주의의 6가지 요소

우리는 앞에서 위로부터의 사회주의를 꿰뚫는 몇 가지 서로 다른 요소·경향이 있음을 살펴봤다. 그것들은 대개 서로 뒤얽혀 있으나, 그중에 좀 더 중요한 측면들 몇 가지를 떼어 내서 좀 더 자세히 살펴보자.

(1) 온정주의

사회주의(또는 ‘자유’, 기타 등등)는 부자와 권력자가 민중을 이롭게 하기 위해 온정을 베풀어 하사하는 것으로 여겨진다.

《공산당 선언》이 로버트 오언 같은 초기 공상가들을 염두에 두고 지적한 바대로 "그들에게 프롤레타리아는 단지 가장 고통받는 계급이라는 관점에서만 존재한다." 이에 대한 고마움의 표시로서, 압제에 시달리는 빈민은 무엇보다도 난폭하게 굴지 말아야 하며 계급투쟁이나 자력 해방 따위의 어리석은 짓거리를 하지 말아야 한다. 이런 측면은 다음에 설명할 엘리트주의의 특별한 경우로 고찰될 수 있다.

(2) 엘리트주의

사회주의가, 비자본가적이고 그래서 때 묻지 않은 소수 지배자들이 자신들의 지배를 일시적으로(짧은 역사적 기간 동안) 심지어 영구적으로 부과하는 일이라는 신념의 몇 가지 사례들을 살펴본 바 있다. 어느 경우에든, 이런 새로운 지배계급은 자신의 목표가 대중에 대한 교화적 독재라고(물론 민중을 이롭게 한답시고) 여기는 경향이 있다. 즉, 아래로부터의 모든 통제를 억누르는 엘리트 당, 인자한 군주나 모종의 구세주 같은 지도자, 버나드 쇼의 "초인", 우생학적으로 우등한 관리자, 프루동의 "아나키스트" 감독이나 생시몽의 전문 관료, 마지막으로 ('19세기 마르크스주의'와 경쟁하는 신선한 사회 이론으로 환영받을 수 있는 최신 용어들과 교묘한 말투를 사용하는) 더 근대적인 관리자나 전문 관료가 행사하는 독재라고 여기는 경향이 있다.

한편, 아래로부터의 사회주의를 옹호하는 혁명적·민주적 투사는 항상 소수였다. 그러나 엘리트적 방식과 전위적 방식 사이의 격차는 엄연하다. 마르크스와 룩셈부르크는 혁명 전위의 임무는 다수 대중이 **자주적 투쟁을 통해 자신의 이름으로 권력을 장악하기에 적합하도록** [자신을 변화시키게] 만드는 것이라고 봤다. 문제는 소수의 사활적 중요성을 부인하는 것이 아니라, 선진적인 소수와 좀 더 후진적인 대중 사이에 [엘리트주의와는] 다른 관계를 맺는 것이다.

(3) 계획 만능주의

여기서 핵심 개념은 효율, 질서, 계획, 체계, 엄격한 통제다. 사회주의는 사회 위에 군림하는 권력에 의해 사회공학으로 전락한다. 여기서도 문제는 효율적 사회주의를 위해서는 총체적인 계획이 필요하다는 점을 부정하는 것이 결코 아니다(또한 그런 효율성과 질서는 좋은 것이다). 그러나 사회주의를 계획 생산의 문제로 환원하는 것은 완전히 다른 문제다. 그것은 효율적 민주주의에는 선거권이 필요하긴 하지만, 그렇다고 해서 민주주의를 단순히 선거권 문제로 환원하는 것은 기만인 것과 마찬가지다.

사실, 계획과 아래로부터의 민주적 통제를 분리하는 것은 계획 자체를 웃음거리로 만들어 버리는 꼴이라는 점을 논증하는 것이 매우 중요할 것이다. 왜냐하면 오늘날처럼 엄청나게 복잡한 산업사회가, 아래로부터 자주적으로 발의하고 틀린 것을 바로잡는 자유로운 행위를 금지하고 탄압하는 전능한 중앙위원회의 지령에 의해 효율적으로 계획될 수는 없기 때문이다. 이것은 소련의 관료집산제로 대표되는 착취에 기반한 새로운 유형의 사회체제가 지니고 있는 기본 모순이다. 그러나 여기서 우리가 이 주제를 더 자세히 다룰 수는 없다.

사회주의를 계획 만능주의로 대체하는 것은 오랜 역사가 있다. 그것이 소련에서 **사회주의=국유화**라는 원리로 구현됐다는 신화는 별개로 치더라도 말이다. 사회주의=국유화라는 원리는 이미 앞서 살펴봤듯이, 사회민주주의적 개혁주의(베른슈타인과 특히 페이비언협회)에 의해 최초로 체계화됐다. 1930년대에, 부분적으로는 소련의 선전에서 비롯한 "계획[경제]"에 대한 착각이 사회민주주의 내의 우파에서 유행하게 됐고, 앙리 드망이 계획[경제]의 예언자이자 마르크스의 후계자로 추앙받게 됐다. 드망은 최초로 자신의 수정주의 이론을 코포라티즘[국가조합주의]으로까지 발전시켜 나치와 협력했기 때문에 평판이 나빠서 사람들의 관심을 잃었고 지금은 완전히 잊혔다.

이론적 구성은 별개로 치더라도, 계획 만능주의는 사회주의 운동에서 매우 자주 급진주의자들의 특정한 심리적 형태로 구체화돼 나타난다. 이런 유형의 사람에 관한 최초의 묘사는 벨록이 페이비언들을 염두에 두고 쓴 《노예 국가》에 나타난 것이었다.

벨록은 다음과 같이 말한다. 이런 유형의 사람은

> 집산주의적 이상 자체를 사랑한다. … 왜냐하면 그것은 질서 정연한 종류의 사회이기 때문이다. 그는 (다른 사람들을 마구 부려서 그들의 악습·무지·어리석음이 낳은 결과들로부터 그들을 보호하는) 국가 관리들이 토지와 자본을 소유하는 국가를 이상형으로 생각하기 좋아한다. [벨록은 나아가 이렇게 쓰고 있다 — 지은이.] 인간에 대한 착취는 그에게 아무런 분노도 일으키지 않는다. 참으로 그는 분노나 다른 어떤 종류의 살아 있는 열정과 무관한 유형이다. [여기에서 벨록이 염두에 두는 것은 시드니 웨브다 — 지은이.] … 삶 전체가 어떤 단순한 도식에 의해 [시간표처럼] 짜이는 거대한 관료제에 대한 전망은 … 그의 작은 욕심을 궁극적으로 만족시킨다.

오늘날 친스탈린주의 색조를 나타내는 최근의 사례는 폴 스위지가 편집하는 잡지 《먼슬리 리뷰》에서 찾아볼 수 있다.

맥스 이스트먼은 "사회주의의 동기 유형"에 관해 1930년에 (자신이 여전히 레닌주의자라고 생각할 때) 쓴 논문에서 이런 유형의 사람을 "효율성과 뛰어난 조직화 … 계획에 대한 진지한 열정 … 능률적 조직"에 집중하는 유형이라고 분류하고는, 스탈린 치하 소련이 매력을 갖고 있다고 말했다.

> 소련은 적어도 다른 나라들의 칭송을 받을 만한 곳이다. 노동자들과 모든 인류의 해방 같은 '어리석은' 꿈의 관점에서 보면 확실히 비난받을 수 없는 곳이다. 마르크스주의 운동을 건설하고 소련에서 그 운동의 승리를 조직한 사람들의 중심 동기는 바로 그 어리석은 꿈이었다. 그들은 억압을 극단적으로 반대했다. 일부 사람들은 종종 이 점을 잊곤 한다. 레닌의 사상에 대한 논란이 가라앉으면, 그는 아마 역사상 가장 위대한 반란자로 부각될 것이다. 그의 주된 열정은 인간을 자유롭게 하기 위한 것이었다. … 마르크스의 저작, 특히 레닌의 저작에서 정의된 계급투쟁의 목표를 요약해서 표현하기 위해 한 가지 개념을 선택해야 한다면, 그것은 인간의 자유다.

여기에 덧붙여 말할 수 있는 것은 레닌이 총체적 계획 욕구를 "관료적 유토피아"라고 여러 번 비난했다는 사실이다.

계획주의에는 한 가지 이름을 붙일 만한 하위 범주가 있다. 우리는 그것을 생산주의라고 부르자. 물론 모든 사람은 미덕과 선한 삶을 좋아하듯이 생산을 '좋아한다.' 그러나 이런 유형에게 생산은 사회의 결정적 시금석이자 목표다. [그리하여] 소련의 관료집산제가 선철 생산 통계 때문에 '진보적'이라는 것이다(이런 유형은 나치 치하나 일본 자본주의에서 증가한 인상적인 생산 통계를 대체로 무시한다). 나세르, 카스트로, 수카르노 또는 은크루마 치하에서 독립 노조들이 분쇄당하고 억압당한 것도 매우 좋은 일이 된다. 왜냐하면 '경제 발전'이 인권에 우선하기 때문이다. 이런 무자비한 견해는, 물론 이런 '급진파들'이 만든 것이 아니라 자본주의 산업혁명에서 노동자를 무자비하게 착취한 사람들이 만든 것이다. 그리고 사회주의 운동은 이런 '진보적' 착취 이론가들에 대항해 필사적으로 싸우는 과정에서 생겨났다. [그러나] 이 점에 관해 현대의 '좌파' 권위주의 정권을 찬양하는 사람들은 이런 진부한 [생산 만능주의] 교리를 가장 최신의 사회과학 이론으로 삼는 경향이 있다.

(4) 종파주의

맥스 이스트먼은 1930년에 쓴 논문에서 종파주의를 "무리의 또는 인간적 유대의 사회주의자들", 즉 "종교적 신비주의와 동물의 군생 속성이 합쳐져서 인간적 유대를 갈망하는 사람들"의 "형제애 유형"이라고 불렀다. 우리는 그것을 파업 등에서의 연대 개념과 혼동하지 말아야 하고 일반적으로 사회주의 운동에서 동지애라고 부르는 것 또는 다른 곳에서 '공동체의식'이라고 부르는 것과 반드시 똑같은 것으로 여기지는 말아야 한다. 이스트먼이 말하는 바와 같이, 그것의 구체적 내용은 "어떤 총체로 흡수되고자 하는 욕구, 즉 신의 대체물의 품에 안기고 싶은 욕구"다.

이스트먼은 여기에서 공산당원 작가 마이크 골드를 지적한다. 또 다른 적절한 인물로는 신앙에 가까울 정도로 공산당을 열렬히 지지한 해리 F 워드가 있다. 워드의 책은 이런 종류의 개성 말살에 대한 "바다 같은" 욕망을 이론화하고 있다. 벨러미의 글을 보면 그 자신이 [이런 유형의] 전형적 인물임이 드러난다. 그는 "우주의 전지전능함으로 흡수"되고픈 욕망에 관해 쓰고 있다. 그의 "연대 종교"는 개성에 대한 그의 불신, 자아를 뭔가 더 위대한 것을 가진 공동체 활동으로 분해시키고 싶은 그의 욕구를 반영하고 있다.

종파주의는 가장 권위주의적 형태의 위로부터의 사회주의에서 가장 두드러지게 나타나고 그리스도교 사회주의의 관점을 가진 박애적 엘리트주의자들 같은 더 온건한 경우도 많이 있다. 당연히 이런 종류의 종파주의적 사회주의는 언제나 '윤리적 사회주의'로 환영받고 계급투쟁을 두려워하면서 억제했다고 칭송받는다. 왜냐하면 벌집 안에서 갈등이 있을 리 없기 때문이다. 그것은 단순히 '집단주의'와 '개인주의'를 대비시키지만(인본주의적 관점에서 보면 그릇된 대비다), 진정으로 빠진 것은 개성이다.

(5) 침투주의

위로부터 사회주의는 아래로부터 대중의 자주적 동원과는 다른 대안들이 언제나 많이 존재했다는 단순한 이유로 매우 다양한 형태로 나타난다. 그러나 여기에서 논의되는 경우들은 두 가지로 분류된다.

하나는 지금의 자본주의적 위계 사회를 전복해서 새로운 종류의 엘리트 지배계급에 기초한 새로운 반反자본주의적* 유형의 위계 사회로 대체하겠다는 전망을 갖고 있다(이것의 여러 가지 변형들에는 대체로 사회주의 역사에서 "혁명적"이라는 딱지가 붙여진다). 다른 하나는 ([규산 성분이 나무 조직 속으로 침투해] 나무의 분자 하나하나가 화석화돼 [보석인] 마노가 되듯이) 기존 사회의 권력 중심부에 침투해서 기존 사회를 국유 집산제로 (점진적으로 그리고 반드시) 바꾸겠다는 전망을 갖고 있다. 이것은 위로부터 사회주의의 개혁주의적 또는 사회민주주의적 변형들의 특징이다.

침투주의라는 낱말 자체는 우리가 지금껏 봐 온 개혁주의

---

* 국가자본주의론에 따르면, 이들이 추구하는 사회는 "반자본주의"가 아니라 반사유재산제도 사회다.

가운데 가장 '순수한' 변형이라고 부른 시드니 웨브의 페이비언주의가 자신을 묘사하기 위해 만든 것이다. 모든 사회민주주의의 침투주의는 자본주의가 필연적으로 위로부터 자체 집산화하고 이것은 사회주의와 동일하다고 주장하는 기계적 필연성 이론을 바탕으로 한다. 아래로부터 압력(허용될 수 있다고 생각되는 경우)은 자체 집산화를 추진하는 사람들을 놀라게 하지 않도록 통제되기만 한다면 그 과정을 강화하고 촉진할 수 있다. 그래서 사회민주주의 침투주의자들은 기존 체제에 대항해서 싸우기보다는 "기존 체제에 흡수"될 자세가 돼 있을 뿐 아니라 흡수되기를 원한다. 흡수될 여지가 얼마나 크건, 말단 급사가 되건 각료가 되건 따지지 않고 말이다. 전형적으로 그들의 아래로부터 운동이 수행하는 기능은 우선 지배 권력에게 자신들을 매수하도록 협박함으로써 침투 기회를 포착하는 것이다.

자본주의의 집산화 경향은 실제 현실로 나타나고 있다. 우리가 살펴본 바와 같이, 그것은 자본주의의 관료제적 집산화를 의미한다. 이런 과정이 진전됨에 따라, 현대 사회민주주의는 스스로 변신했다. 이런 신개혁주의의 대표적 이론가 앤서니 크로스랜드는 다른 사람도 아니고 바로 시드니 웨브가 ([노동당 지도자] 아서 핸더슨과 함께) 영국 노동당 강령을 위해서 쓴, 국유화를 지지하는 온건한 내용을 "극단주의"라고 비난한다! 매우 구체적으로 반자본주의적인* 내용을 자신들의 강령에서 제거한 유럽 사회민주당들이 늘어나는 것(사회주의 역사에 오명을 씌운 새로운 현상)은 지속적인 관료 집산화 과정을 화석화된 '사회주의'의 확립으로 여기는 것을 반영한다.

바로 이것이 침투주의라는 거창한 전략이다. 물론 이것은 정치 전술로서의 침투주의를 수반한다. 그러나 우리는 정치 전술로서의 침투주의의 가장 잘 알려진 미국적 형태(전례는 민주당을 지지하는 정책이고 그 계승은 [영국의] 자유당·노동당 제휴와** 같은 '존슨 컨센서스'다***)를 언급하는 것을 넘어 이 주제를 계속 다룰 수는 없다.

이런 위로부터 사회주의의 두 종류를 구분하는 것은 바뵈프에서 해럴드 윌슨에 이르는 토착 사회주의에 적용된다. 다시 말해서, 특정한 사회주의 조류의 사회적 토대가 한 나라 안

---

* 국가자본주의론으로 보자면, 이들의 강령은 "반자본주의"가 아니라 반사유재산적 내용을 담고 있었다.

** 한국의 민중주의자들이 때때로 추진하는 '전략적 야권 연대'와 비슷한 것으로, 영국의 노동운동 지도자 일부가 때때로 자유당과 후보를 단일화해 선거에 대응한 것을 가리킨다. 노동당 창당 전인 1890년대에 흔했다.

*** 1964년 대통령 선거에서 민주당 후보 린든 존슨이 내건 기치였다. 그는 "모든 국민"의 후보자임을 자처하며 대기업과 노동자, 흑인 지도자와 백인 지상주의자, 급진주의자와 냉전 보수주의자 양쪽의 표를 얻기 위해 광범한 '컨센서스'를 표방했고, 37대 미국 대통령으로 당선했다.

에 있는 경우들이다. 그 토대는 노동조합 관료나 계급으로 분류되지 않은 인자들이나 그 밖의 다른 종류일 수 있다. 국내의 사회 계층들 일체의 외부에 있는 권력 기반(즉 동구권의 관료 집산주의 지배계급)에 궁극적으로 전략과 전술을 의존하는 현대 공산당들이 제시하는 '외부로부터 사회주의'와는 약간 다른 경우에 속한다.

공산당들은 '혁명적' 야당 전술과 침투주의적 전술을 자신들의 목적에 맞게 변형하고 결합하는 능력 면에서 어떤 종류의 토착 운동과도 다른 독특함을 보여 줬다. 그래서 미국 공산당은 1928~1934년의 "제3기" 초좌파적 종파주의 방침에서 민중전선 시기의 초침투주의 방침으로 급선회할 수 있었고, 히틀러·스탈린 [독소 불가침] 조약 기간에 열정적 '혁명주의'로 돌아갔다가 냉전 기간에 두 전술을 다양하게 결합하는 노선으로 선회할 수 있었다. 중소 분쟁 때문에 공산당들이 분열하자, '흐루쇼프주의자들'과 마오쩌둥주의자들은 제각기 [스탈린주의가] 이전에 번갈아 가며 채택한 바 있던 두 전술 가운데 하나를 구현하려 한다.

따라서 국내 정책의 측면에서 공식 공산당과 사회민주당은 서로 다른 위로부터 사회주의의 입장을 갖고 있음에도 모두 침투주의 정책으로 수렴되는 경향이 흔히 있다.

(6) 외부로부터 사회주의

이전의 위로부터 사회주의의 변형들은 사회의 최고 권력에 의존한다. 이제 그것은 외부로부터의 구원을 기대한다.

'외부'가 이 세계의 바깥을 뜻할 때 UFO 숭배는 병적인 형태이고, 메시아주의는 더 전통적인 형태다. 그러나 여기에서 이루고자 하는 목적과 관련해서 말하자면, '외부'는 국내 계급투쟁의 외부라는 뜻이다. 제2차세계대전 종전 이후에 동유럽의 공산당들은 새 질서가 소련의 무력에 의해 도입돼야 한다고 봤다. 망명 중인 독일 사회민주당은 자국 민중의 해방은 외국의 군사적 승리에 의해서만 가능하다고 생각했다.

평화적인 시기의 외부로부터 사회주의의 변형은 모델 사회주의다. 이것은 미국의 미개척지에 자신들의 모델 정착촌을 건설해서 자신들 체제의 우월함을 보여 주고 자신들을 믿지 못하는 사람들의 생각을 바꾸려 했던 옛 공상가들[특히 오언]이 사용한 방법이었다. 서방에서는 국내의 사회적 투쟁을 대신한 이런 모델 사회주의가 점차 공산당 운동의 기본 희망 사항이 되고 있다.

이런 모델은 소련(이나 마오쩌둥주의자들에게는 중국)에 의해 제공된다. 그런데 한 묶음의 그럴듯한 거짓말로도 서방 노동자들이 소련 프롤레타리아의 생활에 매력을 느끼게 만들지 못하자, 공산당들은 다른 두 가지 방식으로 더 큰 성공을 거

둘 수 있을 것이라고 기대한다.

① 소련 관료집산제의 경영자, 관료, 지식인 아첨꾼의 상대적인 특권적 지위는, 서방에서는 이들과 동일한 인자들이 자본의 소유자와 부의 지배자들에게 예속된 상황과 뚜렷하게 대조될 수 있다. 바로 이 점에서, 자금력과 사유재산보다 국가권력에 기초한 새로운 지배계급과 자신들을 가장 쉽게 동일시할 수 있고 그리하여 자신들을 비자본주의적이지만 엘리트적인 새로운 사회 권력층으로 생각하는 지식인, 기술자, 과학자, 과학 분야의 피고용 관리자, 행정 관료, 다양한 유형의 기획자 등의 [중간계급] 인자들에게, 국영화된 소련 경제체제는 중간계급 사회주의가 지니는 역사적 호소력과 마찬가지의 호소력을 갖는다.

② 공식 공산당들이 소위 "마르크스-레닌주의"라는 정설을 계승했다는 모양새를 유지할 필요가 있는 반면, 공산당에 얽매이지 않은 강단 마르크스주의자들은 그런 모양새를 갖출 필요가 없는 것이 보통이다. 한 가지 사태 전개는 [서방 선진] 자본주의 나라들에서 계급투쟁을 통한 승리의 전망을 완전히 공공연하게 포기한 것이다. '세계혁명'은 단순히 공산주의 국가들이 자국 체제의 우월함을 보여 주는 것과 동일시된다. 두 명의 주요 이론가 폴 스위지와 아이작 도이처가 이것을 테제 형식으로 제시했다.

바란과 스위지는 《독점자본》(1966)에서 "산업 프롤레타리아가 궁극으로 자본가 착취자들에 대항해 혁명을 일으켜야 한다는 고전적 마르크스주의 이론의 대답"을 단순히 부정한다. 실업자, 농업 노동자, 빈민 등 사회의 기타 '외부' 집단들도 마찬가지다. 그들은 사회에서 응집력 있는 세력을 이룰 수 없다. [혁명을 일으킬 집단은] 하나도 남아 있지 않고, 자본주의는 내부로부터 효과적인 도전을 받지 않을 것이다. 그렇다면? 《독점자본》의 저자들은 마지막 쪽에서, 언젠가 "20세기는 아닐지라도 … 세계혁명이 확산되고" 합리적 사회를 건설하는 것이 "가능하다는 본보기를 사회주의 나라들이 보여 줌으로써" 사람들이 자본주의에 환멸을 느끼게 될 것이라고 설명한다. 이게 다다. 그리하여 이 책을 가득 메우고 있는 마르크스주의적 문구들은 단순히 세인트패트릭성당에서 산상수훈을 읽는 것처럼 주문을 외는 것이 되고 만다.

이와 동일한 시각이 도이처의 《거대한 경쟁》에서 좀 더 완곡하고 덜 둔감하게 제시된다. 도이처는 "서방 자본주의는 자신의 위기와 모순 때문이라기보다는 사회주의[즉, 공산주의 국가들 — 지은이]가 이뤄 놓은 성과들을 따라잡을 수 없기 때문에 붕괴할 것"이라는 소련 [관변 학자들]의 새 이론을 전파한다. 그는 계속해서 이렇게 쓴다. "이것이 연속 혁명이라는 마르크스주의적 전망을 어느 정도 대체했다고 말할 수 있다." 여기에서 우리는 오랫동안 서방에서 공산당 운동이 수행한 기능이 무엇인지를 말해 주는 이론적 원칙을 찾아낼 수 있다. 그것은 [서방과] 경쟁하는 동구권 정권들의 국경 수비대이자 방패막이 노릇을 하는 것이다. 무엇보다도 아래로부터 사회주의의 시각은 미국 학회들의 자본주의 찬미자들뿐 아니라 관료집산제를 지지하는 이런 교수들에게도 낯선 것이 되고 있다.

이런 종류의 친스탈린주의 이론가들은 종종 현실의 소련 체제에 대해 비판적 태도를 취한다. 그 좋은 예가 바로 아이작 도이처다. 그는 공식 공산당들과 달리 되도록 소련을 무비판적으로 찬양하지 않으려 한다. 도이처 같은 사람들은 **관료집산제에 대해서는 침투주의자**들로 여겨져야 한다. 서방 자본주의 세계에서 보면 '외부로부터 사회주의'로 나타나는 것이 '공산주의' 체제의 틀 안에서는 일종의 페이비언주의로 나타난다. 이런 맥락에서 '단지 위로부터 변화로써만'이라는 시각은 시드니 웨브의 경우와 마찬가지로 이런 이론가들에게도 확고부동의 원칙이다. 이 점은 도이처가 1953년 동독의 봉기와 1956년 헝가리 혁명을 (그런 아래로부터 소요는 소련 정부를 겁먹게 해서, 필연적으로 점진적일 수밖에 없는 '자유화' 과정에서 이탈하게 만들 것이라는 진부한 근거로) 반대한 것에서 가장 두드러지게 나타났다.

이봐, 도대체 당신 누구 편이야?

사회적 투쟁에서 어떤 구실을 할지를 선택할 수 있는 지식인들에게, 아래로부터 사회주의 시각은 역사적으로 거의 호소력이 없었다. 사회주의 운동의 틀 안에서조차 그것을 한결같이 주장한 사람은 거의 없었고 한결같지 않게 주장한 사람도 많지 않았다. 물론 사회주의 운동의 바깥에서는 그런 사상이 실현될 수 없으며 비실용적이고 비현실적이고 '공상적'이라는, 즉 이상주의적이며 돈키호테 같은 것이라는 입장이 지배적이다. 민중은 본래 어리석고 타락하고 무관심하고 대체로 가망이 없다는 것이다. 따라서 진보적 변화는 (으레 그러듯이) 이런 감정들을 표현하는 지식인들 같은 '우월한' 사람들로부터 와야 한다고 한다. 이것은 이론적으로 '과두제의 철칙'이나* 천박한 엘리트주의 철학으로 바뀌고, (위로부터 변화만이 필연적이라는) 조잡한 필연성 논리를 이런저런 방식으로 포함한다.

이런 널리 퍼진 견해에 대한 찬반양론을 간단히 검토하지 않더라도, 우리는 그런 철학이 수행하는 사회적 구실을 엘리

---

* 독일 사회학자 로베르트 미헬스가 주장한 정치 이론으로 아무리 민주적인 조직이라도 소수 엘리트에 의한 과두 지배가 나타나는 것이 철칙이라는 주장이다.

트주의자의 자기변호론으로 규정할 수 있다. 대중이 행동하지 않는 '일상적' 시기에 그 이론은 혁명과 사회적 반란의 모든 역사를 경멸적으로 손가락질하거나 적어도 단순히 낡은 것으로 무시한다. 그러나 혁명적 봉기나 사회적 소요를 특징짓는, 이전에 움직이지 않던 대중이 역사의 무대에 등장하고 근본적 사회 변화가 일정에 오르는 시기가 다시 돌아오는 것은 역사에서 중간중간 나타나는 보수적 시기 못지 않게 '정상적'인 것이다. 따라서 엘리트주의 이론가는 대중이 언제나 침묵을 지킬 것이라고 예언하기만 하는 과학적 관찰자의 입장을 포기해야 할 때, 즉 혁명적 대중이 권력 구조를 파괴하겠다고 위협하는 정반대의 현실에 직면할 때, 전형적으로 재빠르게 전혀 다른 입장을 취한다. 즉, 그는 아래로부터 대중의 개입을 악惡 자체라고 비난한다.

사실, 위로부터 사회주의와 아래로부터 사회주의 사이의 선택은 지식인들에게는 기본적으로 도덕적 선택이지만, 아무런 사회적 대안도 갖지 않은 노동 대중에게는 필요의 문제다. 지식인들은 "기존 체제에 흡수"된다는 대안이 있을지라도 노동자는 그렇지가 않다. 이와 똑같은 선택이 노동조합 지도자들에게도 역시 적용된다. 그들은 자신들의 계급 위치가 오르자, 이전에는 없던 선택과 직면한다. 지배계급의 습성을 따르라는 압력, 즉 부르주아화의 압력은 현장 조합원 대중과의 인적·조직적 관계가 약해짐에 따라 그에 반비례해 강해진다. 지식인이나 노동조합 관료가 (흔히 그러듯이) [지배계급의] 영향력과 풍요의 일부를 특권으로 떼어 받을 때, 기존 권력에 침투하거나 그에 적응하는 것이 부르주아화하기 위한 깔끔한 방식이라는 것을 확신하는 것은 그리 어려운 일이 아니다.

그러므로 '과두제의 철칙'이 그 용어를 만든 지식인들에게 주로 엄격하게 적용된다는 것은 역설적 사실이다. 하나의 사회계층으로서(즉, 예외적 개인들[예컨대 마르크스, 레닌, 트로츠키 등]은 제쳐 놓고) 지식인은 결코 근대 노동계급이 자신의 비교적 짧은 역사를 통해서 수없이 그랬던 방식으로는 기존 권력에 대항한 적이 없었다. 재산을 소유하지 않은 중간계급 가운데 두뇌 활동에 종사하는 사람들은 전형적으로 사회의 기존 지배자들의 이데올로기적 하수인 노릇을 하지만, 그럼에도 지배자들과의 그런 관계에 대해 불만과 불평을 가지고 있다. 다른 많은 종복從僕들과 마찬가지로 '훌륭한 크라이턴'은* "나는 내 주인보다 똑똑해. 사정이 달라진다면 우리는 누가 무릎을 꿇어야 하는지 알게 될 거야" 하고 생각한다. 자본주의 체제의 신용이 전 세계적으로 떨어지고 있는 바로 지금, 그는 자기 재능

* 영국의 극작가 제임스 배리가 당시 귀족의 계급의식을 풍자한 희곡 제목으로, 크라이턴은 하인으로 등장하는 주인공의 이름이다.

을 십분 발휘할 수 있고, 권력이나 부가 아니라 두뇌가 독재를 행사할 수 있고, 그 자신과 그와 비슷한 부류들이 자본주의를 제거함으로써 사유재산의 압력에서 벗어나고* 민주주의를 제거함으로써 자신들보다 훨씬 더 많은 대중의 압력에서 벗어날 수 있는 사회 형태를 쉽사리 꿈꾼다.

그는 거창한 꿈을 꿀 필요가 없다. 왜냐하면 그런 사회의 기존 형태가 바로 그의 눈앞에, 즉 동구권의 관료집산제에 있는 것으로 보이기 때문이다. 그가 냉전을 비롯한 여러 가지 이유를 대면서 동구권의 관료집산제를 거부하더라도, 그는 미국에서 "엘리트 정치", "경영자주의", "산업주의" 혹은 그 밖의 다른 이름으로 부를 수 있는 자기 고유의 '좋은' 관료집산제를 이론화하거나 가나의 "아프리카 사회주의"와 이집트의 "아랍 사회주의" 혹은 세계 다른 지역의 다른 여러 종류의 사회주의를 이론화할 수 있다.

위로부터 사회주의와 아래로부터 사회주의 사이의 선택의 성격은 오늘날 자유주의 지식인들과 사회민주주의 지식인들 그리고 스탈린주의 지식인들 사이에서 상당한 정도의 견해 일치를 보고 있는 문제와 관련해서 특히 두드러지게 나타난다.

---

* 국가자본주의론에 따르면, 이들이 꿈꾸는 사회 형태는 "자본주의를 제거"한 체제가 아니라 사유재산의 압력에서 벗어나는 반시장경제 체제다.

이것은 특히 아프리카와 아시아의 개발도상국(예를 들어 은크루마의 가나, 나세르의 이집트, 수카르노의 인도네시아 등)에서 새로운 지배자들이 원하는 속도로 산업화를 서두르기 위해서는 모든 정치적 반대파뿐 아니라 독립적 노동조합도 분쇄하고 노동 착취를 극대화시켜 노동 대중의 가죽에서 충분한 자본을 짜내려는 권위주의적 독재(자비로운 전제주의)가 필연적이라는 주장이다. 그래서 한때 불의에 맞서곤 했던 "진보적" 집단들이 권위주의적 체제를 비자본주의로 여기며 무의식적으로 찬양하는 일이 전례 없는 정도로 벌어지고 있다.

이런 입장이 대체로 갖고 있는 경제결정론적 논거는 그만두더라도, 이 문제는 일반으로 무엇이 중요한지를 말해 주는 두 측면을 갖고 있다.

(1) 급속한 산업화의 필요성을 '논증'하기 위해 제시된, 독재 체제를 변호하기 위한 경제학적 주장이 새 관료주의 지배자들(자신들의 수입과 권력 증대를 추구하는 데 여념이 없는)에게 중요하다는 점은 의심의 여지가 있을 수 없지만, 사회 하층에 있는 노동자에게 그와 그의 가족이 급속한 자본 축적을 위해 수 세대에 걸쳐 초착취와 심한 고생을 당해야 한다는 것을 납득시키는 것은 불가능하다(바로 이 때문에 급속한 산업화가 독재적 통제를 필요로 하는 것이다).

경제결정론적 주장은 지배계급의 관점에서 주장하는 합리

화다. 항상 "사회"의 필요와 동일시되는 이런 주장은 지배계급의 관점에서만 의미가 있다. 동시에, 사회 하층에 있는 노동자들은 자신들의 기본적인 인간적 존엄성과 복지를 방어하기 위해 초착취에 맞서 싸워야 한다는 것이 양식이다. 유럽에서 '개발도상국들'이 형성되던 자본주의 산업혁명 동안에도 마찬가지였다.

이것은 단순히 기술적·경제적 논거의 문제가 아니라 계급투쟁에서 어느 편에 설 것인지의 문제다. 따라서 문제는 이것이다. 이봐, 도대체 당신 누구 편이야?

(2) 사람들은 개발도상국 민중이 너무 후진적이라서 그들이 사는 사회와 그 사회를 통치하는 정부를 운용할 수 없으며, 이는 여기뿐 아니라 다른 지역에서도 사실이라고 주장한다. 그러나 그다음에는 어떤 주장이 나올까? 하나의 민족이나 계급이 자신들의 이름으로 사회를 지배하는 일에 어떻게 적합해질까?

그것은 투쟁을 통해서만 가능하다. 억압(그들이 통치하는 데 적합하지 않다고 말하는 사람들에 의한 억압)에 대항하는 투쟁을 함으로써만 그렇게 된다. 민주적 권력을 위해 투쟁함으로써만 자신들을 교육하고 그 권력을 행사할 수 있는 수준으로까지 자신들의 능력을 키울 수 있다. 어떤 계급에게도 그 밖의 다른 길은 결코 없었다.

우리는 지금 특별한 종류의 변명을 다뤄 왔지만, 이 과정에서 발견한 두 요소는 선진국이든 개발도상국이든, 자본주의 체제든 스탈린주의 체제든 간에 세계 모든 나라에 어김없이 적용된다. [미국에서] 남부 흑인들의 시위와 선거 불참이 선거에 직면한 존슨 대통령을 당황하게 만들 만큼 위협적이었을 때, 문제는 **누구 편에 설 것인지**였다. [1956년] 헝가리 노동자들이 소련 점령군에 대항해 봉기를 일으켰을 때, 문제는 **누구 편에 설 것인지**였다. 알제리 민중이 기 몰레의 '사회주의' 정부의 억압에 대항해 해방 투쟁을 벌였을 때, 문제는 **누구 편에 설 것인지**였다. 미국의 꼭두각시가 쿠바를 침공했을 때 문제는 **누구 편에 설 것인지**였다. 그리고 쿠바의 노동조합이 독재자의 인민위원에 의해 장악됐을 때도 문제는 **누구 편에 설 것인지**였다.

사회가 생겨난 이래, 폭정은 불가피하며 민주적 자유는 불가능하다는 것을 '논증'하기 위한 이론들이 끊임없이 나왔다. 지배계급과 그 이데올로기적 하수인들에게 그보다 더 편리한 이데올로기는 없기 때문이다. 이런 이론들은 자기 성취적 예언이다. 왜냐하면 그것들은 옳다고 여겨지는 한에서만 옳은 것으로 남아 있기 때문이다. 결국, 그런 이론들이 틀렸음을 입증하는 유일한 방법은 투쟁 자체에 있다. 그런 아래로부터의 투쟁은 위로부터의 이론들에 의해 결코 저지되지 않았고, 또한 그것은 여러 번 세계를 바꿨다. 위로부터 사회주의의 여러 형태들 가운데 하나라도 선택하는 것은 옛 세계를 그리워하는,

즉 “옛 쓰레기”를 생각하는 것이다. 아래로부터 사회주의의 길을 선택하는 것은 새로운 세계의 시작을 단호하게 밝히는 것이다.

참고 문헌

이 글에서 다루는 문제들을 더 잘 이해하기 위해서 몇 가지 유용한 책들은 다음과 같다.

"사회주의의 '시조들'" 절을 위해 읽어 볼 만한 책은 A D Winspear, *The Genesis of Plato's Thought*다. 이 책은 피타고라스에 대해서도 어느 정도 다룬다. 프루동에 대해 더 알고 싶다면 J S Schapiro, *Liberalism and the Challenge of Fascism*의 관련 장과 Proudhon, *Carnets*를 보라. 바쿠닌에 대해 알고 싶다면 E Pyzuir, *The Doctrine of Anarchism of M A Bakunin*을 보고, 그의 사상적 배경을 더 알고 싶다면 E H 카가 쓴 전기를 함께 보라. 라살에 대해 알고 싶다면 E Bernstein, *F Lassalle as a Social Reformer*와 D 푸트먼이 쓴 전기를 보라. 페이비언주의를 어느 정도 괜찮게 다루는 책

은 A N McBriar, *Fabian Socialism and English Politics*가 유일하고, 출판되지 않은 논문으로는 E J Hobsbawm, "Fabianism and the Fabians"가 있는데, 둘 다 우리의 목적에 적합하지는 않다. 로자 룩셈부르크에 대해 더 알고 싶다면 그녀의 이름을 제목으로 단, 파울 프뢸리히가 쓴 전기와* 토니 클리프가 쓴 얇은 책을** 보라. 벨러미에 대해 더 알고 싶다면 아서 리포의 출판되지 않은 논문, "Edward Bellamy and the Nationalist Movement"를 보라.

《뉴 폴리틱스》에 내가 쓴 두 글, "Neo-Corporatists and Neo-Reformists"(vol 1, no 1, Winter 1962)와 "The New Social-Democratic Reformism"(vol 2, no 2, Winter 1963)이 이 글의 주제와 어느 정도 관련이 있다. 또 독립사회주의자 위원회의 출판물, *Independent Socialism: a Perspective for the Left*와 *Introduction to Independent Socialism*의 일부가 관련 있다.

---

* 국역: 파울 프뢸리히, 《로자 룩셈부르크 생애와 사상》, 책갈피, 2000.

** 국역: 토니 클리프, 《로자 룩셈부르크의 사상》, 책갈피, 2014.